따뜻한 일상
뜨개 클래스

대바늘과 감성으로 만드는 따뜻한 일상 뜨개

  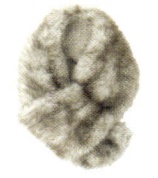 

CONTENTS

01. 후드 머플러 ···p.4
02. 배색 × 꽈배기 무늬 손모아 장갑 ···p.6
03. 프린지 목도리 ···p.7
04. 아란 무늬 스누드 ···p.8
05. 목도리 모자 ···p.10
06. 날염실 모자 ···p.12
07. 꽈배기 무늬 목도리 ···p.13
08. 프린지 숄 ···p.14
09. 꽈배기 무늬 손모아 장갑 ···p.16
10. 니트 숄더백 ···p.18
11. 브라운 넥워머 ···p.19
12. 다이아몬드 무늬 모자 ···p.20
13. 단색 무늬 숄 ···p.21
14. 트위드 × 모헤어 스누드 ···p.22
15. 기하학 무늬 핸드워머 ···p.24
16. 그러데이션 모자 ···p.25
17. 꽈배기 무늬 숄 ···p.26
18. 아란 무늬 숄 ···p.27
19. 셰틀랜드 레이스 숄 ···p.28
20. 레드 스누드 ···p.30
21. 배색 무늬 손모아 장갑 ···p.31
22. 스트레이트 × 루프 × 모헤어 숄 ···p.32
23. 모헤어 꽈배기 무늬 숄 ···p.34
24. 퍼 토트백 ···p.35
25. 미니 퍼 목도리 ···p.36
26. 아이보리 × 화이트 핸드워머 ···p.37

27. 아이보리 셰틀랜드 레이스 숄 … p.38

28. 복슬복슬 퍼 헤어밴드 … p.40

29. 복슬복슬 퍼 양말 … p.42

뜨는 방법 … p.44~90

이 책에서 사용한 실 … p.66

대바늘뜨기 기초 … p.91

코바늘뜨기 기초 … p.95

- 한국어판 일러두기 -
대바늘 호수는 일본과 한국이 차이가 있습니다. 아래 사이즈를 참고하여 예쁜 작품 만드시길 바랍니다(코바늘 호수는 일본과 한국이 같습니다).

일본	한국
0호(2.1mm)	2.0mm
1호(2.4mm)	2.5mm
2호(2.7mm)	/
3호(3.0mm)	3.0mm
4호(3.3mm)	/
5호(3.6mm)	3.5mm
6호(3.9mm)	/
7호(4.2mm)	4.0mm
8호(4.5mm)	4.5mm
9호(4.8mm)	/
10호(5.1mm)	5.0mm
11호(5.4mm)	5.5mm
12호(5.7mm)	/
13호(6.0mm)	6.0mm
14호(6.3mm)	/
15호(6.6mm)	/
7.0mm	7.0mm
8.0mm	8.0mm

후드 머플러

머플러는 목에 한 번 감을 정도의 미니 사이즈예요. 심플한 고무뜨기로 만들었어요.

How to make ⇒ p.44

Design / Knitting.RayRay(레이레이)
Making / 야마자키 가으리
Yarn / 하마나카 디나

No.01

배색 × 꽈배기 무늬 손모아 장갑

시원한 색상의 배색 무늬와 올록볼록한 꽈배기 무늬를 같이 떠 넣은 고급스러운 작품이에요.

How to make ⇒ p.46

Design / 마쓰모토 에이코
Yarn / 하마나카 소노모노 알파카 울《병태사》
　　　　하마나카 아메리

No.02

No.03 프린지 목도리

심플한 비침무늬에 양쪽 끝 두 단에 프린지가 달려있어 어른스러우면서도
사랑스러운 분위기의 목도리예요.
How to make ⇒ p.45

Design / 가와지 유미코
Making / 야마모토 도모미
Yarn / 하마나카 소노모노 알파카 울

아란 무늬 스누드

본체와 가장자리를 다른 색 실로 뜨고, 어떤 옷과도 잘 어울리는 내추럴 컬러로 만들었어요.

How to make ⇒ p.48

Design / 가와지 유미코
Yarn / 하마나카 소노모노 알파카 릴리
　　　 하마나카 소노모노 루프

No.04

No.05

목도리 모자

북유럽 에스토니아의 전통 의상에서
영감을 받아 디자인했어요.

How to make ⇒ p.50

Design / 미즈하라 다카코
Yarn / 하마나카 아메리

날염실 모자

겉뜨기와 안뜨기로 올록볼록한 가로줄 무늬를 만들었어요. 그러데이션 실로 알록달록 다양한 색상을 즐겨보세요.

How to make ⇒ p.49

Design / 미즈하라 다카코
Making / 미즈하라 다네코
Yarn / 하마나카 푸가

No.06

No.07 꽈배기 무늬 목도리

자칫 남성적인 분위기가 느껴질 수 있는 꽈배기 무늬를 다양한 색상이 혼합된 트위드 실을 사용해 우아한 분위기로 연출해보세요.

How to make ⇒ p.52

Design / 가와이 마유미
Making / 엔도 요코
Yarn / 하마나카 아란 트위드

프린지 숄

예쁜 나뭇잎 무늬 바탕에 가장자리 뜨기로 만드는 프린지를 더해 우아한 인상을 주는 숄이에요.

How to make ⇒ p.53

Design / 가와지 유미코
Making / 가쓰라기 사토미
Yarn / 하마나카 소노모노 알파카 릴리

No.08

A

꽈배기 무늬 손모아 장갑

p.16, 17에 소개된 장갑은 색만 다르고 디자인은 같아요. 가지고 있는 코트에 어울리는 색으로 만들어보세요.

How to make ⇒ p.54

Design / 마쓰모토 에이코
Yarn / 하마나카 아메리

No.09

니트 숄더백

직사각형으로 떠서 만드는 가방이에요. 서서히 완성되어 가는 과정도 즐겁답니다.

How to make ⇒ p.56

Design / 미즈하라 다카코
Making / 미즈하라 다네코
Yarn / 하마나카 맨즈 클럽 마스터

No.10

브라운 넥워머

겉쪽과 안쪽에 다른 실을 사용해
두 겹으로 만들어서 굉장히 따뜻해요.

How to make ⇒ p.58

Design / 미즈하라 다카코
Yarn / 하마나카 맨즈 클럽 마스터
　　　 하마나카 메리노 울 퍼

No.11

다이아몬드 무늬 모자

돌려뜨기로 선이 뚜렷한 무늬를 만들고,
트위드 실로 살짝 부드러운 분위기를 더해
사랑스럽게 만들었어요.

How to make ⇒ p.59

Design / 미즈하라 다카코
Yarn / 하마나카 아란 트위드

No.12

단색 무늬 숄

늘림코와 줄임코로 평행사변형 같은 형태로 만들었어요. 모서리에 단 태슬이 포인트랍니다.

How to make ⇒ p.60

Design / 가와이 마유미
Making / 마쓰모토 요시코
Yarn / 하마나카 아메리

No.13

트위드 × 모헤어 스누드

두 종류의 실을 사용해 무늬도 다르게 떴어요. 옷에 맞춰서 어느 쪽을 바깥쪽으로 할지 고를 수 있어서 좋아요.

How to make ⇒ p.61

Design / 가와이 마유미
Making / 마쓰모토 요시코
Yarn / 하마나카 아란 트위드
　　　 하마나카 프랑

No.14

기하학 무늬 핸드워머

따스함이 느껴지는 레몬옐로 색상의 실을 사용한 배색 뜨기.
방한도 되고 스마트폰도 조작할 수 있어요.

How to make ⇒ p.62

Design / marshell (가이 나오코)
Yarn / 하마나카 아메리

No.15

No.16 그러데이션 모자

한 단에서 실을 네 번 바꿔 가로줄 무늬를 만들었어요.
모자에 사용한 실을 모두 혼합한 방울로 균형을 잡아주세요.
How to make ⇒ p.64

Design / 미즈하라 다카코
Yarn / 하마나카 아메리

꽈배기 무늬 숄

세로선이 강조되는 꽈배기 무늬 바탕에 양쪽 끝을 메리야스뜨기로 떠서 경쾌한 분위기를 연출했어요.

How to make ⇒ p.66

Design / 가와지 유미코
Making / 니시무라 구미
Yarn / 하마나카 소노모노 트위드

No.17

아란 무늬 숄

무릎 덮개로도 사용할 수 있는 숄은 교차뜨기가 많아 뜨는 재미를 느낄 수 있는 아란 무늬로 만들었어요.

No.18 How to make ⇒ P.68

Design / 가와이 마유미
Making / 고다 후사코
Yarn / 하마나카 아메리

셰틀랜드 레이스 숄

두 단마다 비침무늬를 뜨고 가장자리의 지그재그 선도 같이 만들었어요.

How to make ⇒ p.70

Design / 가와이 마유미
Making / 오키타 기미코
Yarn / 하마나카 에어리나

No.19

No.20

레드 스누드

비비드 컬러로 멋을 더해주는 소품은 폭과 길이를 줄여서 작게 만들었어요.

How to make ⇒ p.72

Design / 가와이 마유미
Making / 엔도 요코
Yarn / 하마나카 맨즈 클럽 마스터

배색 무늬 손모아 장갑

가는 실로 배색 무늬를 떠서 실이 안쪽에 걸쳐져 있어도 가볍고 굉장히 따뜻해요.

How to make ⇒ p.74

Design / 마쓰모토 에이코
Yarn / 하마나카 아메리 에프《합태사》

No.21

No.22

스트레이트 × 루프 × 모헤어 숄

비침무늬나 다이아몬드 무늬 등 실에 따라 무늬를 다르게 만들었어요.
다양한 스타일로 즐길 수 있는 숄이랍니다.

How to make ⇒ p.76

Design / 가와지 유미코
Making / 야마모토 도모미
Yarn / 하마나카 소노모노 알파카 울《병태사》
　　　하마나카 소노모노 루프
　　　하마나카 소노모노 헤어리

No.23

모헤어 꽈배기 무늬 숄

기모감이 있는 실로 크고 작은 꽈배기 무늬와 작은 비침무늬를 넣어 우아한 분위기로 만들었어요.

How to make ⇒ p.78

Design / 가와이 마유미
Making / 이시카와 7 미에
Yarn / 하마나카 프랄

퍼 토트백

입구 부분에 퍼를 사용한 멋스러운 가방이에요.
손잡이는 시중에서 판매하는 손잡이를 사용해서
기성품처럼 만들었어요.

How to make ⇒ p.80

Design / 마쓰모토 에이코
Yarn / 하마나카 아란 트위드
　　　 하마나카 메리노 울 퍼

No.24

No.25

미니 퍼 목도리

한쪽 끝에 만든 고리에 나머지 한쪽 끝을 넣어 사용하는 머플러예요.
안쪽은 스트레이트 타입의 실로 따로 떠서 덧대어 두 겹으로 만들었어요.
How to make ⇒ p.73

Design / Knitting.RayRay (레이레이)
Yarn / 하마나카 루포
 하마나카 소노모노 알파카울

아이보리 × 화이트 핸드워머

가볍고 감촉이 부드러운 실로 뜬 핸드 워머예요.
가볍고 부드러워서 착용하고 있는 것을 잊어버릴 정도랍니다.

How to make ⇒ p.84

Design / 마쓰모토 에이코
Yarn / 하마나카 소노모노 로얄 알파카
　　　 하마나카 메리노 울 퍼

No.26

아이보리 셰틀랜드 레이스 숄

가는 실로 섬세한 비침무늬를 만들었어요. 무늬 단위로 늘리거나 줄여서 사용하기 편리한 길이로 만들어보세요.

How to make ⇒ p.82

Design / 가와지 유미코
Making / 가쓰라기 사토미
Yarn / 하마나카 소노모노《합태사》

No.27

No.28

복슬복슬 퍼 헤어밴드

p.40, 41은 색상만 다르고 디자인은 같아요. 귀여운 리본을 달아서 여성스러움을 더해주었어요.

How to make ⇒ p.85

Design / 마쓰모토 에이코
Making / 마쓰모토 하루
Yarn / 하마나카 메리노 울 퍼

A

복슬복슬 퍼 양말

p.42, 43는 색상만 다르고 디자인은 같아요. p.40, 41의 헤어밴드와 색을 맞춰 같이 사용해보세요.

How to make ⇒ p.86

Design / 마쓰모토 에이코
Yarn / 하마나카 메리노 울 퍼

No.29

A

01. 후드 머플러 ⇒ *p.4*

완성 치수 후드 / 얼굴둘레 75 cm
　　　　　 머플러 / 폭 13 cm 길이 100 cm
실　　하마나카 디나 / 다크 믹스 (8) 130g
바늘　하마나카 아미아미 7 호 (4.2mm) 막힘 대바늘 (2 개 세트)
　　　　라쿠라쿠 7/0 호 양쪽 코바늘
　　　　(빼뜨기 잇기 , 빼뜨기 꿰매기용)
게이지　고무뜨기　23 코 × 24 단 = 가로세로 10 cm

뜨는 방법　실은 1 가닥으로 뜬다 . 모두 7 호 대바늘로 뜬다 .
1… 후드는 일반적인 시작코를 만들어 고무뜨기로 뜨개 도안
　　대로 뜨고 마무리는 겉뜨기로 덮어씌워 코막음한다 .
2… 머플러도 같은 방법으로 시작코를 만들어 고무뜨기로 증감
　　없이 뜨고 , 마무리는 겉뜨기로 덮어씌워 코막음한다 .
3… 후드는 겉끼리 맞대어 반으로 접은 다음 49코씩 빼뜨기 잇기
　　하고 , 지정한 위치는 박음질한다 .
4… 머플러의 가운데 부분 88단과 후드의 시작코를 겉끼리 맞대고
　　빼뜨기 꿰매기로 연결한다(p.88 사진 참조).

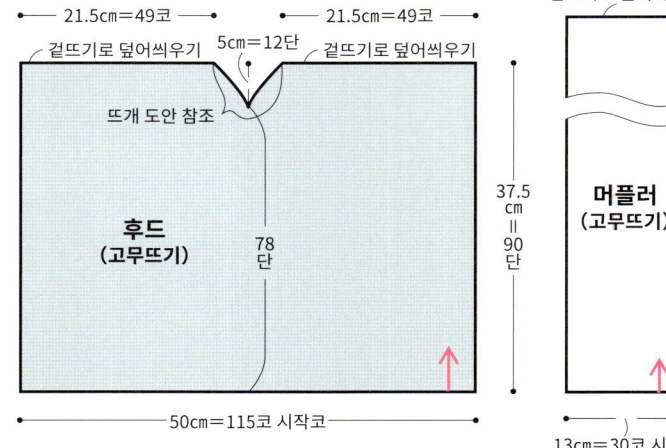

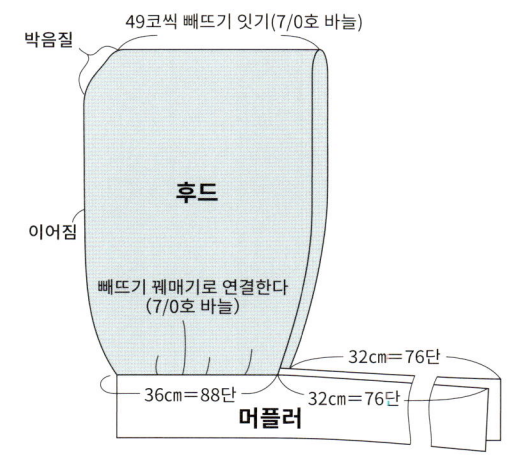

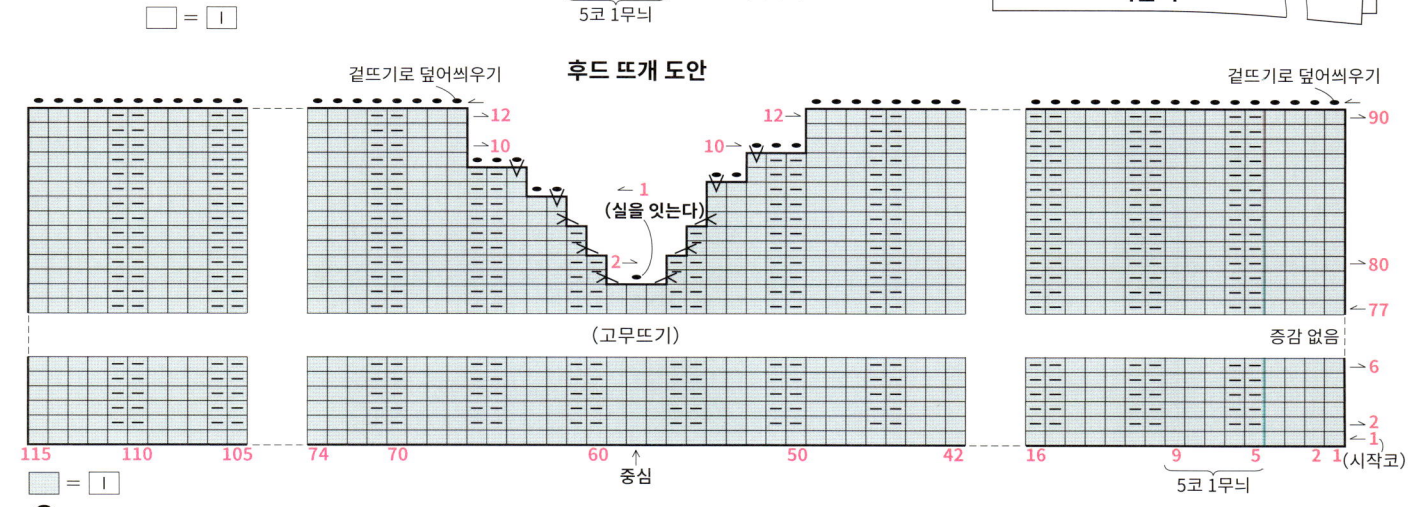

03. 프린지 목도리 ⇒ p.7

완성 치수 폭 23㎝ 길이(프린지 포함) 170㎝
실 하마나카 소노모노 알파카 울/그레이(44) 210g
바늘 하마나카 아미아미 12호(5.7mm) 막힘 대바늘(2개 세트)
라쿠라쿠 8/0호 양쪽 코바늘(프린지용)
게이지 무늬뜨기 B 14코×22단=가로세로 10㎝

뜨는 방법

실은 1가닥으로 뜬다. 모두 12호 대바늘로 뜬다.

1… 일반적인 시작코로 32코를 만들어 무늬뜨기 A, B, A' 순서로 뜨개 도안대로 증감 없이 뜨고 마무리는 겉뜨기로 덮어 씌워 코막음한다.

2… p.88 사진을 참고하여 8/0호 코바늘로 지정한 위치에 프린지를 단다.

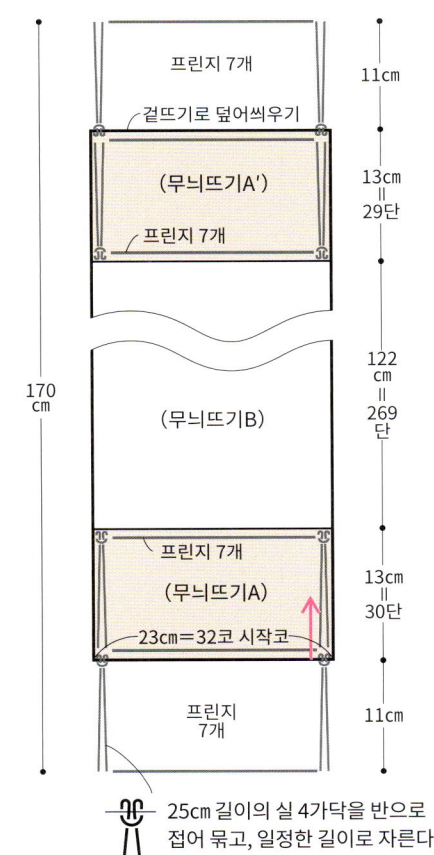

● = 프린지 다는 위치

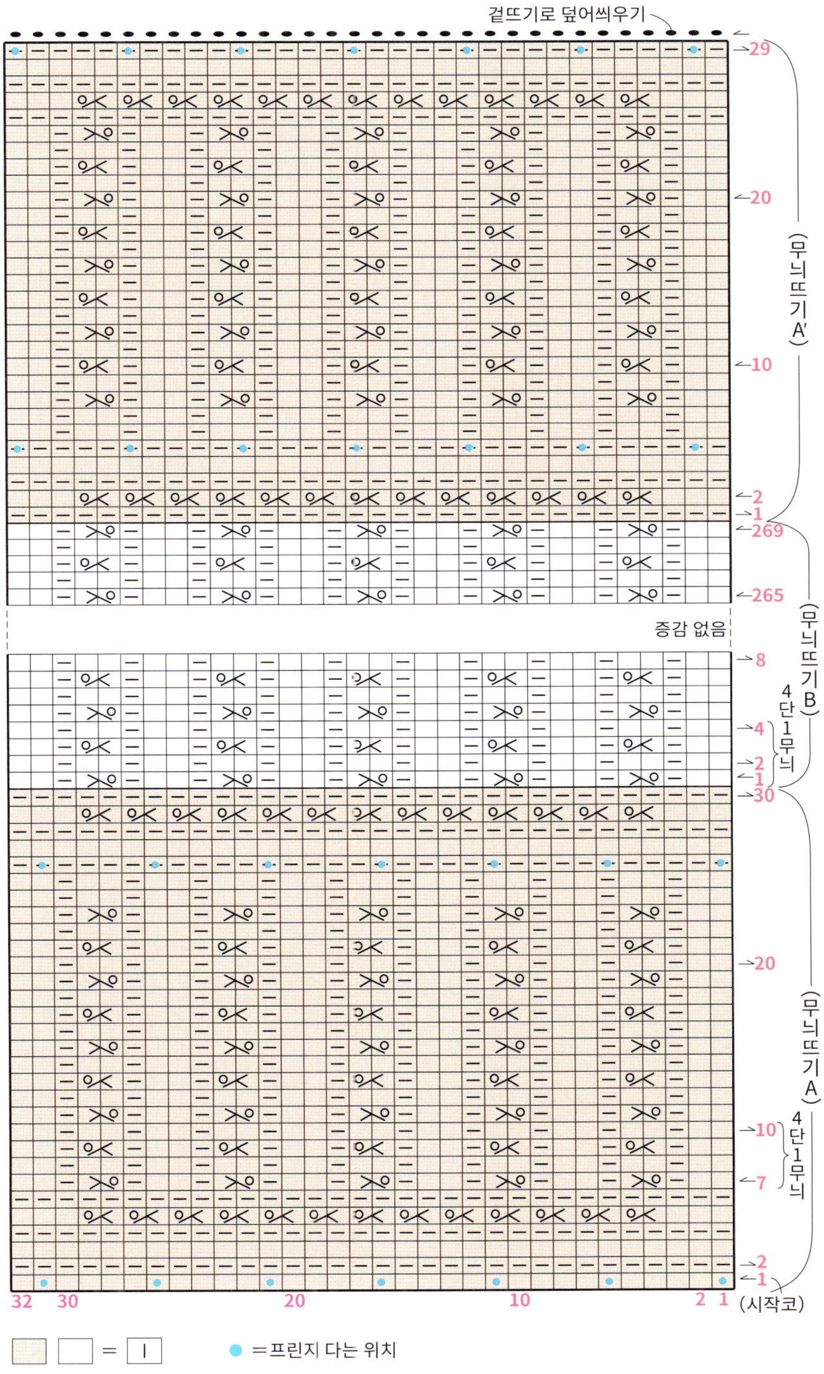

02. 배색 × 꽈배기 무늬 손모아장갑 ⇒ *p.6*

완성 치수 손바닥 둘레 19 cm   길이 23.5 cm
실 하마나카 소노모노 알파카 울 《병태사》
    / 그레이 (64) 45g , 아이보리 (61) 15g
  하마나카 아메리
    / 버지니아 블루벨 (46) 15g
바늘 하마나카 아미아미 7호 (4.2mm),
    8호(4.5mm) 짧은 대바늘(5개 세트)
게이지 구늬뜨기 (8호 바늘)
    29.5 코 = 10 cm , 26 단 = 9.5 cm
  메리야스뜨기 배색무늬
    25 코 = 9.5 cm , 18 단 = 7 cm

뜨는 방법
실은 1 가닥으로 뜬다. 지정한 실과 바늘로 뜬다.
1… 본체는 일반적인 시작코로 56코를 만들어 원통형으로 뜨고 p.47의 뜨개 도안대로 무늬뜨기를 7호 바늘로 9단, 8호 바늘로 9단을 뜬 다음, 엄지손가락의 옆면 (메리야스뜨기)도 이어서 14단을 뜬다.
엄지손가락의 옆면을 쉼코로 두고, 본체를 원통형으로 무늬뜨기를 3단 뜨는데 마지막 단에서 50코로 줄인다.
2… 이어서 메리야스뜨기 배색무늬를 뜬다. 지정한 단부터는 코를 줄이고, 마지막 남은 6코에 실을 끼워 오므린다.
3… 엄지 손가락은 p.93의 〈손모아장갑 기초〉,〈엄지 손가락 뜨는 방법〉과 같은 방법으로 원통형으로 코를 주워 메리야스뜨기로 뜨고, 남은 7코에 실을 끼워 오므린다.
4… 같은 방법으로 2개를 뜬다.

전체 도안   ※같은 방법으로 2개 뜬다.

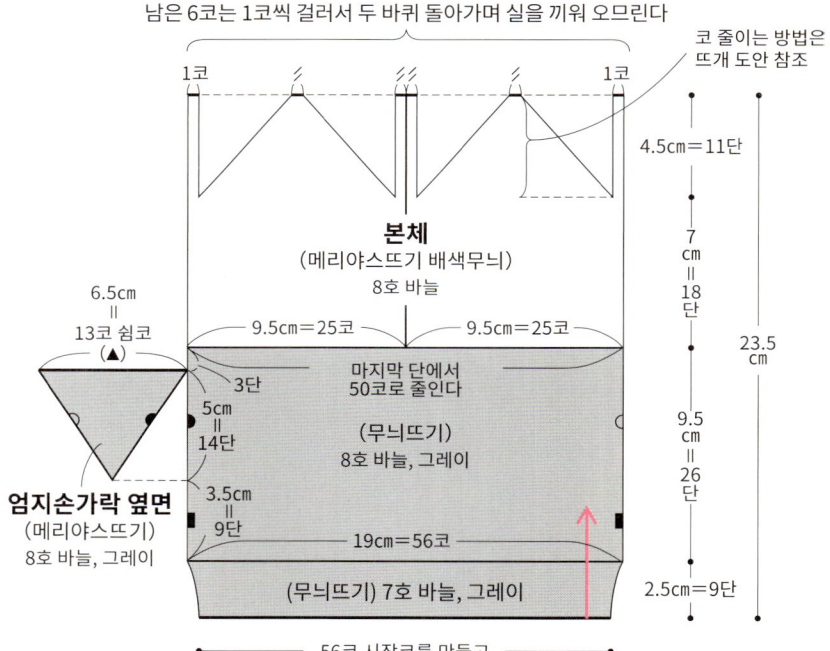

엄지손가락 코 줍는 방법

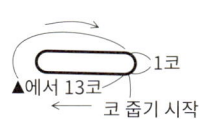

엄지손가락 뜨개 도안

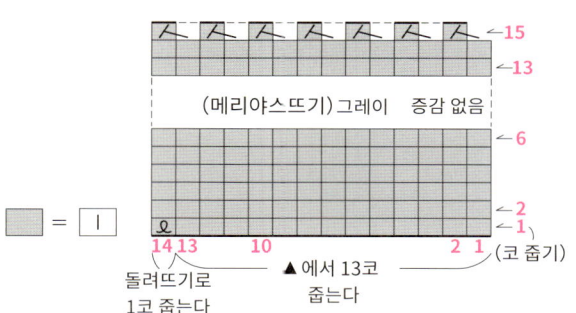

46

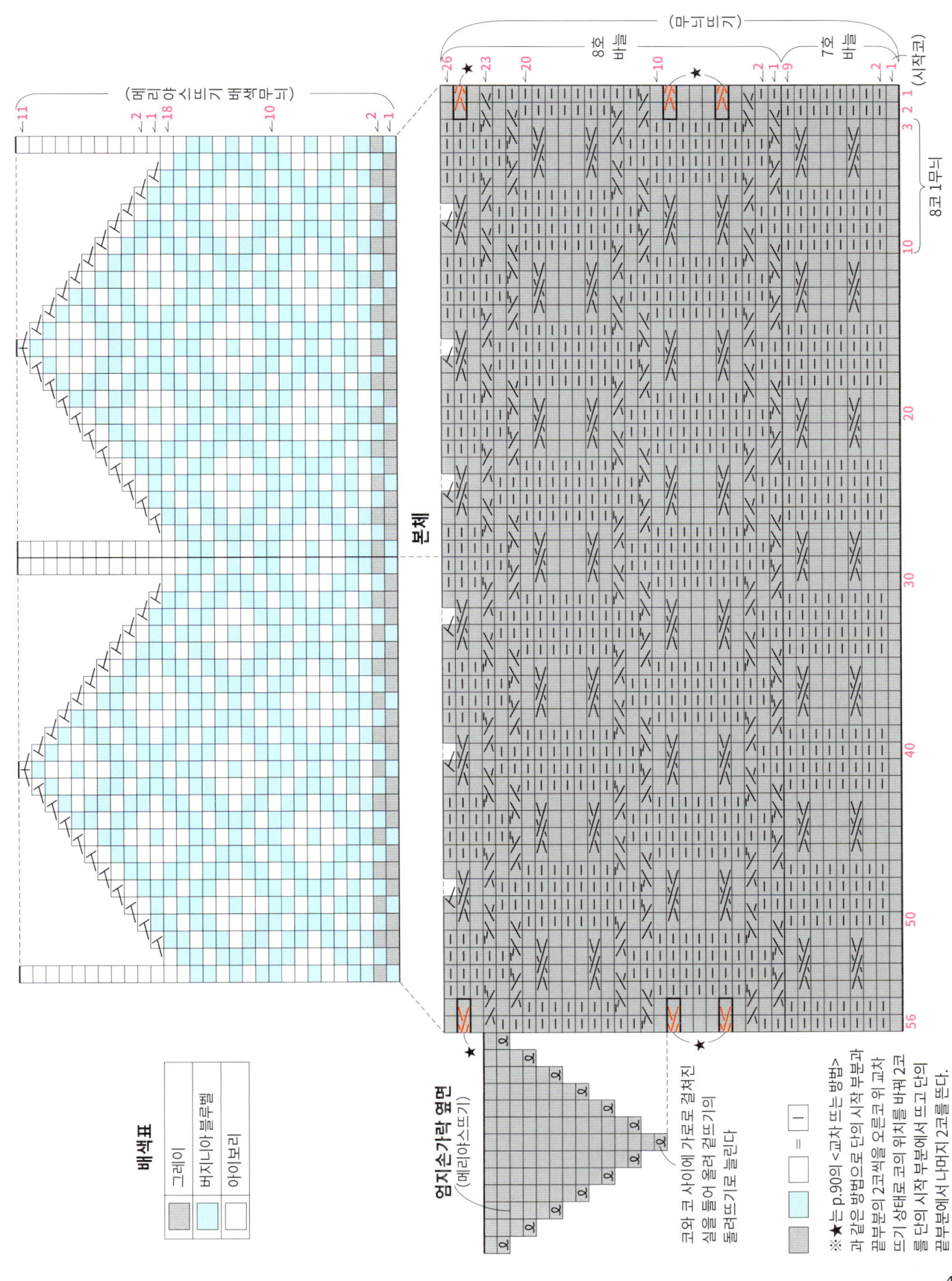

04. 아란 무늬 스누드 ⇒ p.8

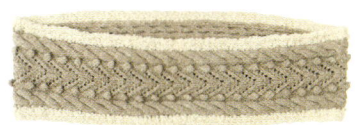

뜨는 방법
실은 1 가닥으로 뜨다. 지정한 실과 바늘로 뜨다.
1… 본체는 풀어내는 시작코를 만들어 무늬뜨기로 뜨개 도안대로 증감 없이 뜨고 끝 단은 쉼코로 둔다.
2… 시작코를 풀어내어 코를 줍고 끝 단의 코와 덮어씌워 빼뜨기 잇기로 연결하여 원통형으로 만든다.
3… 본체의 가장자리에서 코를 주워 원통형으로 만들고, 가장자리를 메리야스뜨기로 뜬 다음 마지막은 겉뜨기로 덮어씌워 코막음한다.

완성 치수 폭 22cm 둘레 138cm
실 하마나카 소노모노 알파카 릴리
 / 베이지 (112) 130g
 하마나카 소노모노 루프
 / 아이보리 (51) 60g
바늘 하마나카 아미아미
 10호 (5.1mm) 막힘 대바늘 (2개 세트),
 12호 (5.7mm) 대바늘 (4개 세트)
 라쿠라쿠 5/0호 양쪽 코바늘
게이지 무늬뜨기
 23코 × 25단 = 가로세로 10cm
 메리야스뜨기
 12.5코 = 10cm, 4단 = 3cm

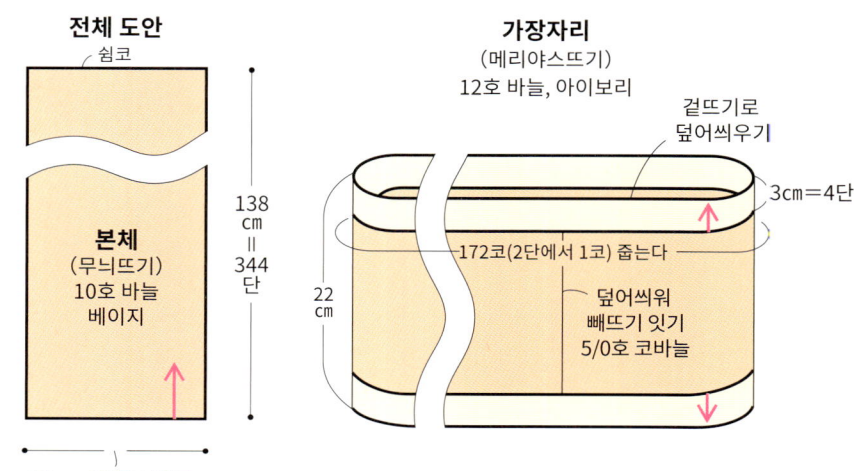

본체 뜨개 도안

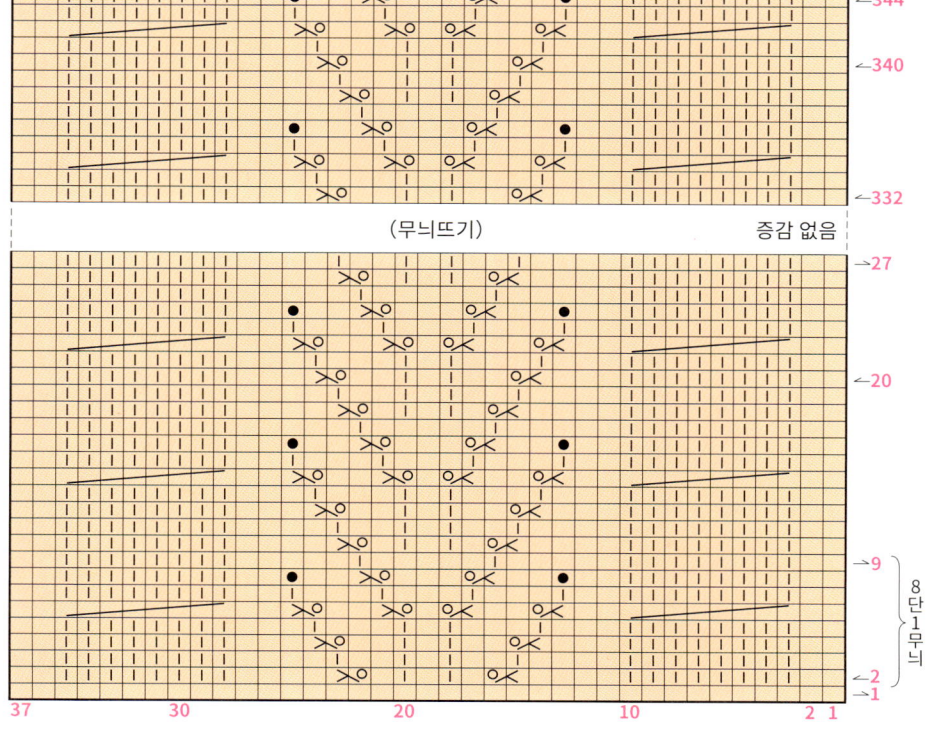

가장자리 뜨개 도안

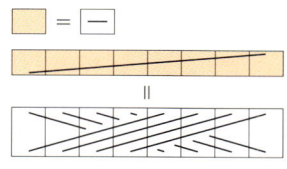

□ = │

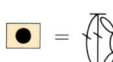

왼쪽 바늘의 코에 5/0호 코바늘을 넣어 코를 옮겨서 사슬뜨기 3코를 뜬다. 옮긴 코에 한길긴뜨기 2코 구슬뜨기를 하고 코바늘의 실 고리를 오른쪽 바늘로 옮긴다.

06. 날염실 모자 ⇒ p.12

완성 치수 머리둘레 52 cm 깊이 29 cm
실 하마나카 푸가 / 믹스 컬러 (18) 85g
바늘 하마나카 아미아미 8 호 (4.5mm)
　　　대바늘 (4 개 세트)
게이지 무늬뜨기
　　　20 코× 36.5 단 = 가로세로 10 cm

뜨는 방법
실은 1 가닥으로 뜬다. 모두 8 호 대바늘로 뜬다.
1··· 일반적인 시작코로 104 코를 만들어 원통형으로 만들고 1 코 고무뜨기, 무늬뜨기, 메리야스뜨기로 뜨개 도안대로 코를 줄이면서 뜬 다음 남은 8 코에 실을 끼워 오므린다.
2··· 접히는 부분에서 바깥쪽으로 접는다.

전체 도안

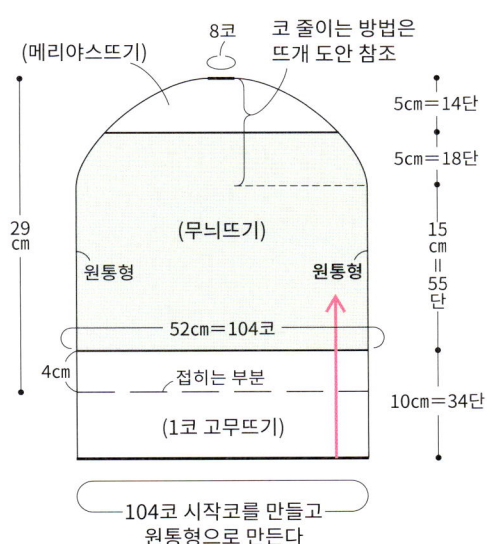

뜨개 도안

마무리 방법

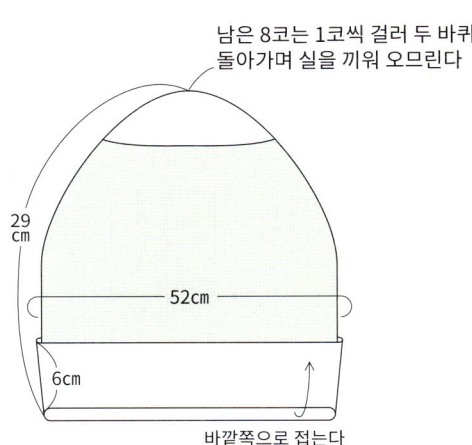

49

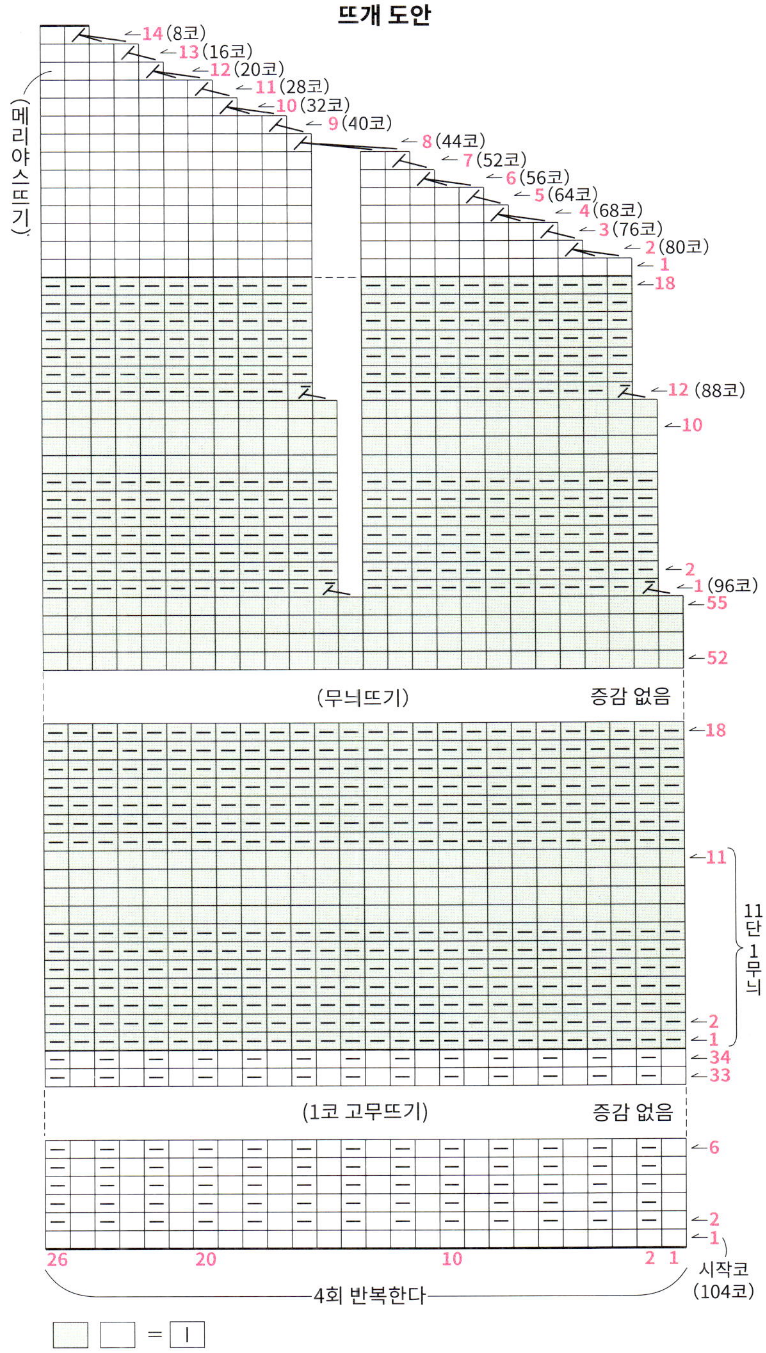

05. 목도리 모자 ⇒ p.10

완성 치수 모자 / 머리둘레 50 cm   깊이 25 cm
머플러 / 폭 12.5 cm
길이 (방울 제외) 115.5 cm

실 하마나카 아메리 / 레몬 옐로 (25) 150g ,
퓨어 블랙 (52) 50g

바늘 하마나카 아미아미 6 호 (3.9mm) 대바늘 (4 개 세트)

기타 두꺼운 종이 (방울용)

게이지 메리야스뜨기 배색무늬 A
22.5 코 = 10 cm , 25 단 = 9 cm
메리야스뜨기 배색무늬 B, C
21.5 코 × 25 단 = 가로세로 10 cm

뜨는 방법 실은 1 가닥으로 뜬다.
모두 6호 대바늘을 사용하여 지정한 실로 뜬다.

1... 모자는 일반적인 시작코로 112코를 만들어 원통형으로 만들고, 브레이드(p.89 사진 참조), 메리야스뜨기 배색무늬 A, B, 1코 고무뜨기로 p.51 의 뜨개 도안대로 뜬다.

2... 이어서 머플러는 메리야스드기 배색무늬B, C, 메리야스뜨기 로 코를 줄이면서 뜨고, 남은 14코에 실을 끼워 오므린다.

3... 방울을 만들어 머플러에 꿰매 단다.

마무리 방법

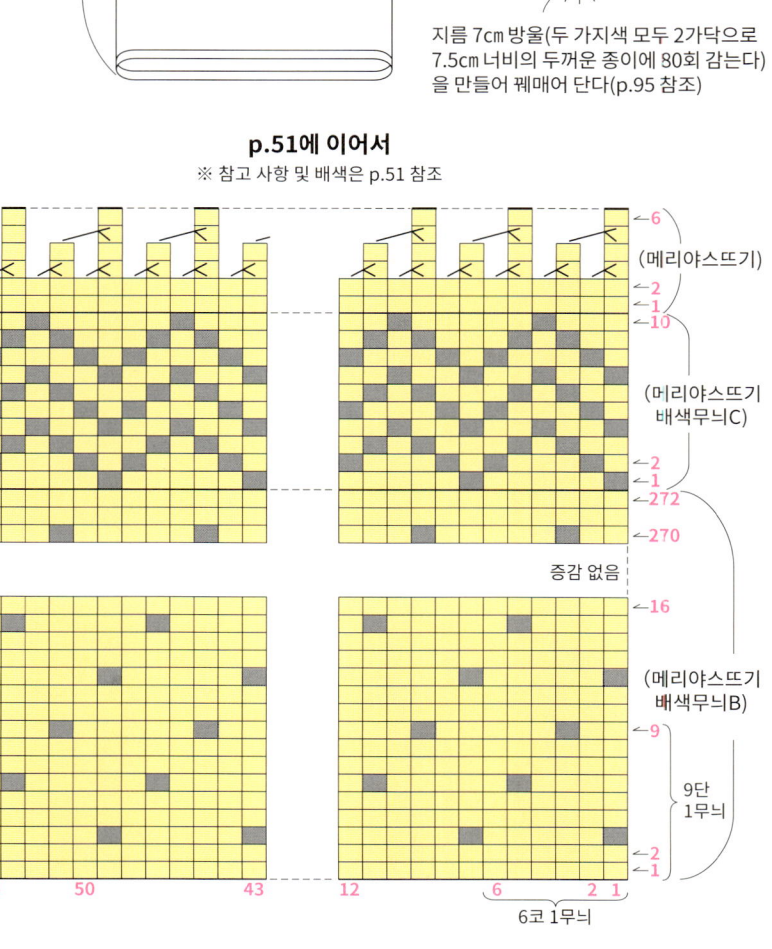

남은 14코는 1코씩 걸러 두 바퀴 돌아가며 실을 끼워 오므린다

지름 7cm 방울(두 가지색 모두 2가닥으로 7.5cm 너비의 두꺼운 종이에 80회 감는다)을 만들어 꿰매어 단다(p.95 참조)

전체 도안

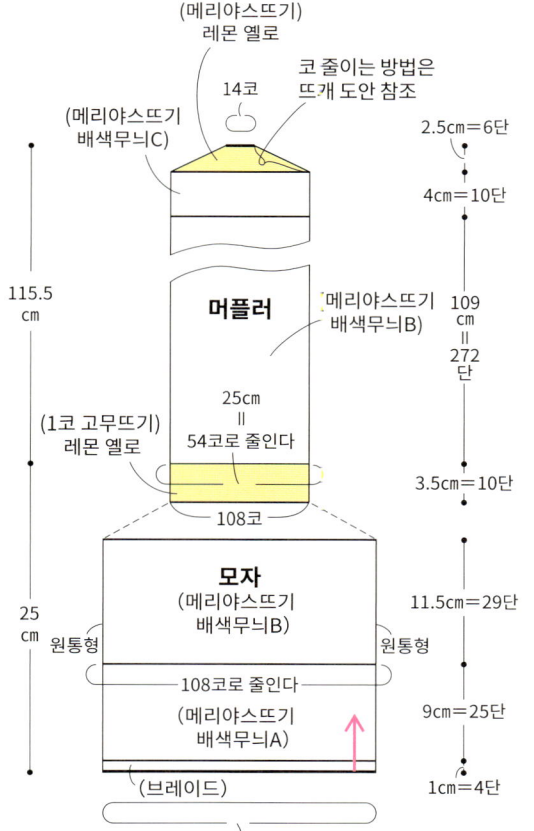

p.51에 이어서
※ 참고 사항 및 배색은 p.51 참조

뜨개 도안

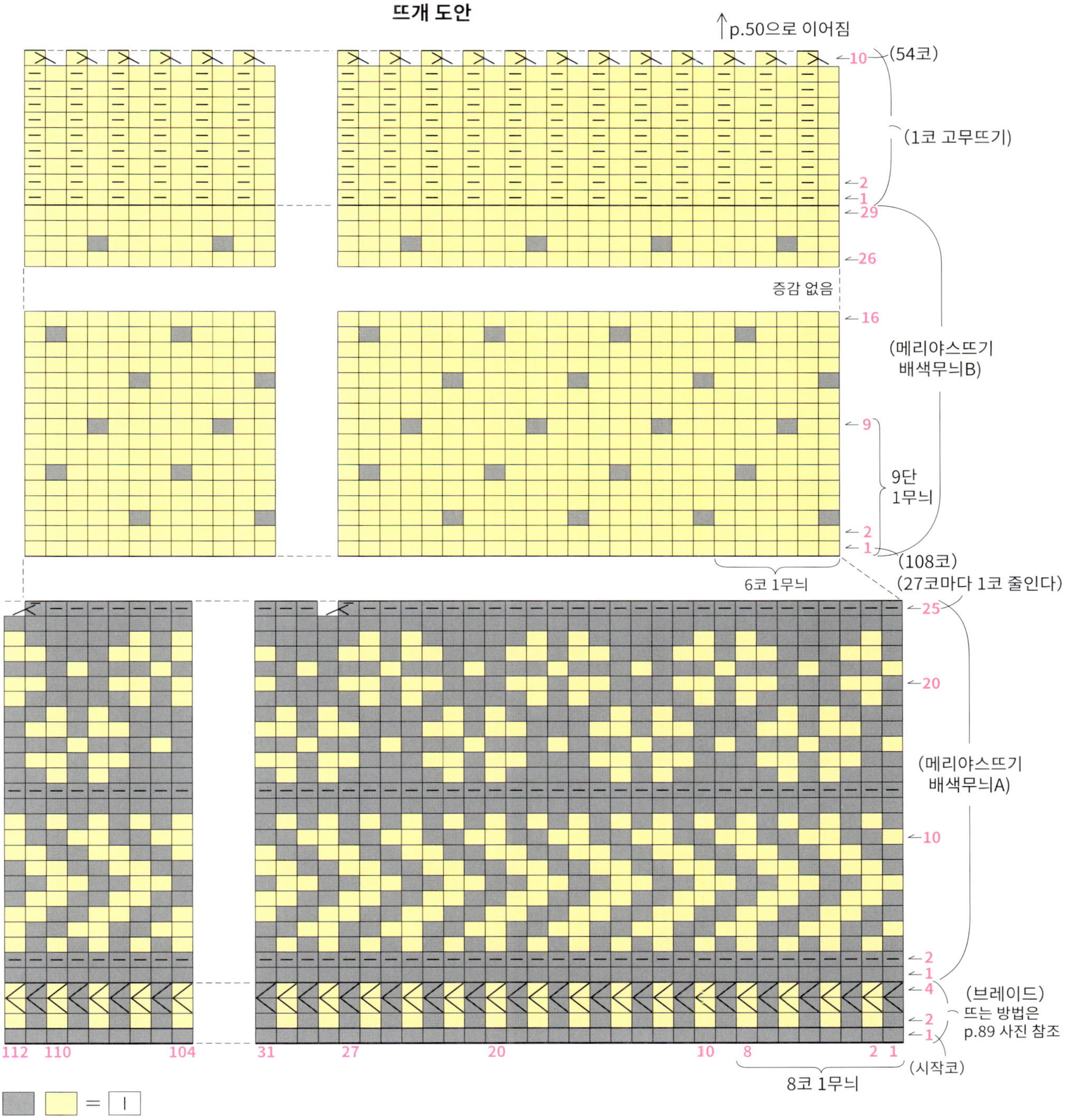

↑p.50으로 이어짐

(54코)

(1코 고무뜨기)

←10
←2
←1
←29
←26
증감 없음
←16

(메리야스뜨기 배색무늬B)

←9
9단 1무늬
←2
←1

6코 1무늬

(108코)
(27코마다 1코 줄인다)

←25
←20

(메리야스뜨기 배색무늬A)

←10

←2
←1
←4 (브레이드)
←2 뜨는 방법은
←1 p.89 사진 참조

112 110 104   31 27 20 10 8 2 1

(시작코)

8코 1무늬

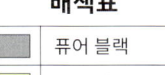 = |

배색표

| 퓨어 블랙 |
| 레몬 옐로 |

07. 꽈배기 무늬 목도리 ⇒ *p.13*

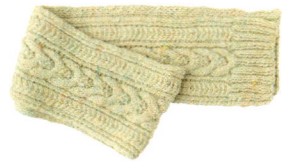

완성 치수 폭 17 cm 길이 147 cm
실 하마나카 아란 트위드 / 황록색 (19) 180g
바늘 하마나카 아미아미 7 호 (4.2mm)
막힘 대바늘 (2 개 세트)

게이지 무늬뜨기
42 코 =17 cm , 22.5 단 =10 cm

뜨는 방법

실은 1 가닥으로 뜬다 . 모두 7 호 대바늘로 뜬다 . 일반적인 시작코로 42 코를 만들어 2 코 고무뜨기 , 무늬뜨기로 뜨개 도안대로 증감 없이 뜨고 , 마지막은 안쪽에서 앞 단과 같은 기호로 덮어씌워 코막음한다 .

전체 도안

뜨개 도안

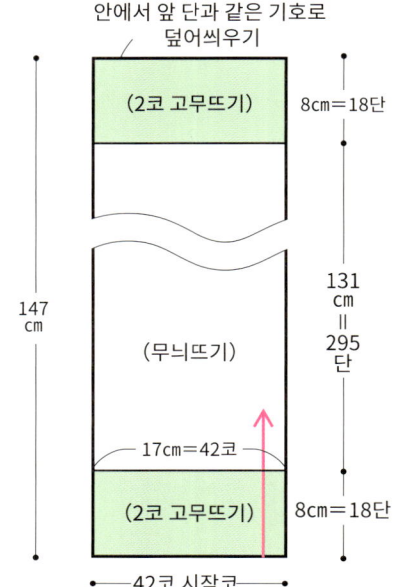

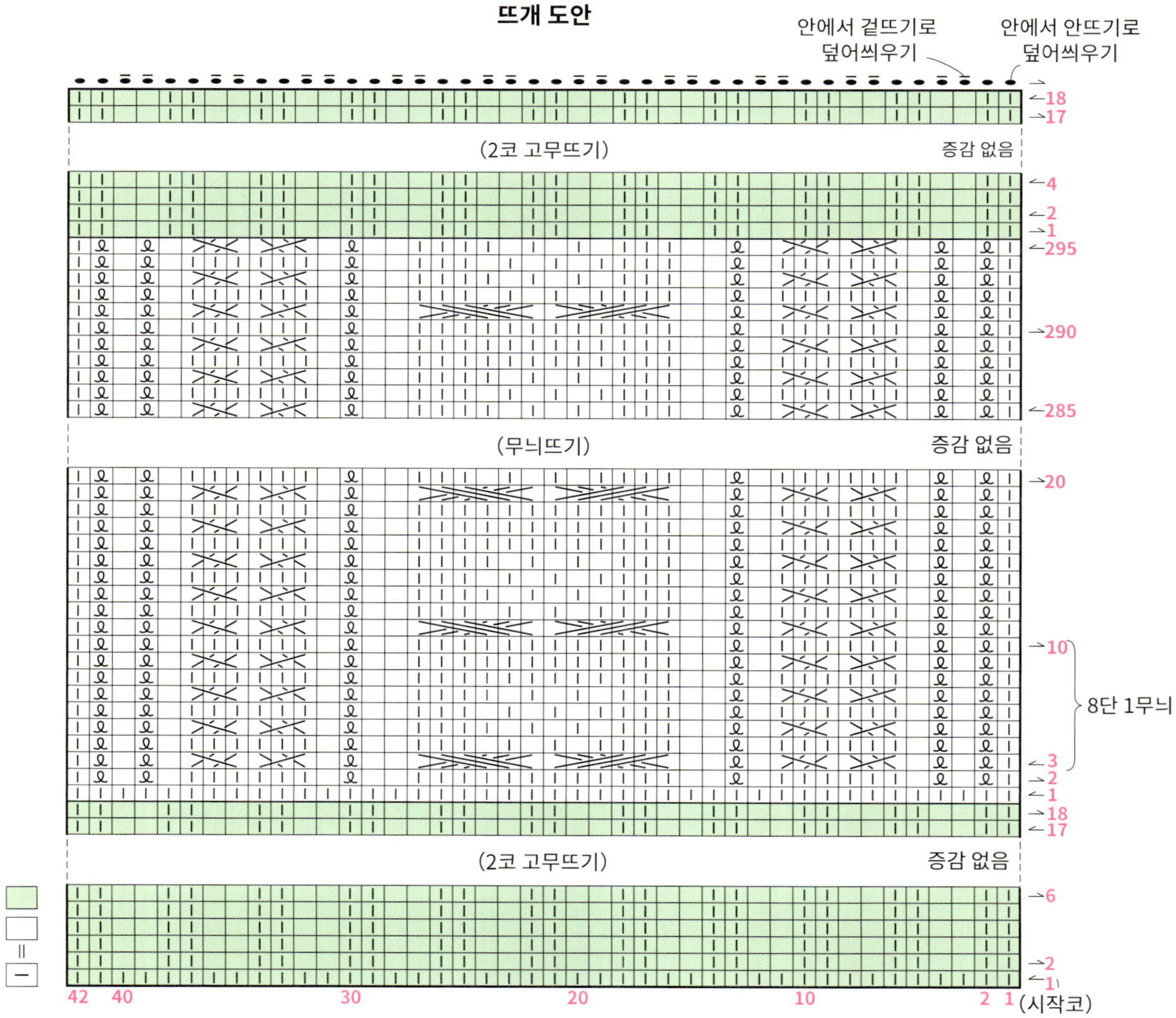

08. 프린지 숄 ⇒ *p.14*

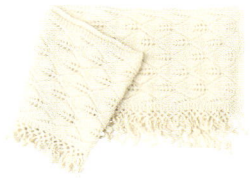

완성 치수 폭 34.5 cm 길이 142 cm
실 하마나카 소노모노 알파카 릴리 / 아이보리 (111) 220g
바늘 하마나카 아미아미 10 호 (5.1mm) 막힘 대바늘 (2 개 세트) 라쿠라쿠 5/0 호 양쪽 코바늘
게이지 무늬뜨기 20 코× 26 단 = 가로세로 10 cm

뜨는 방법

실은 1 가닥으로 뜬다 . 지정한 바늘로 뜬다 .

1… 일반적인 시작코로 55 코를 만들어 무늬뜨기로 뜨개 도안대로 증감 없이 뜨고 마지막은 겉뜨기로 덮어씌워 코막음한다 .

2… 코막음한 실을 자르지 않고 계속 이어서 한 쪽에 가장자리뜨기를 한다 .

전체 도안

뜨개 도안

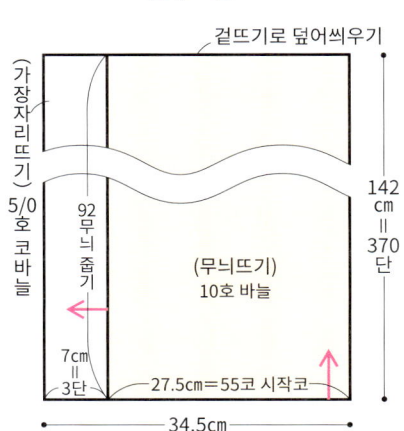

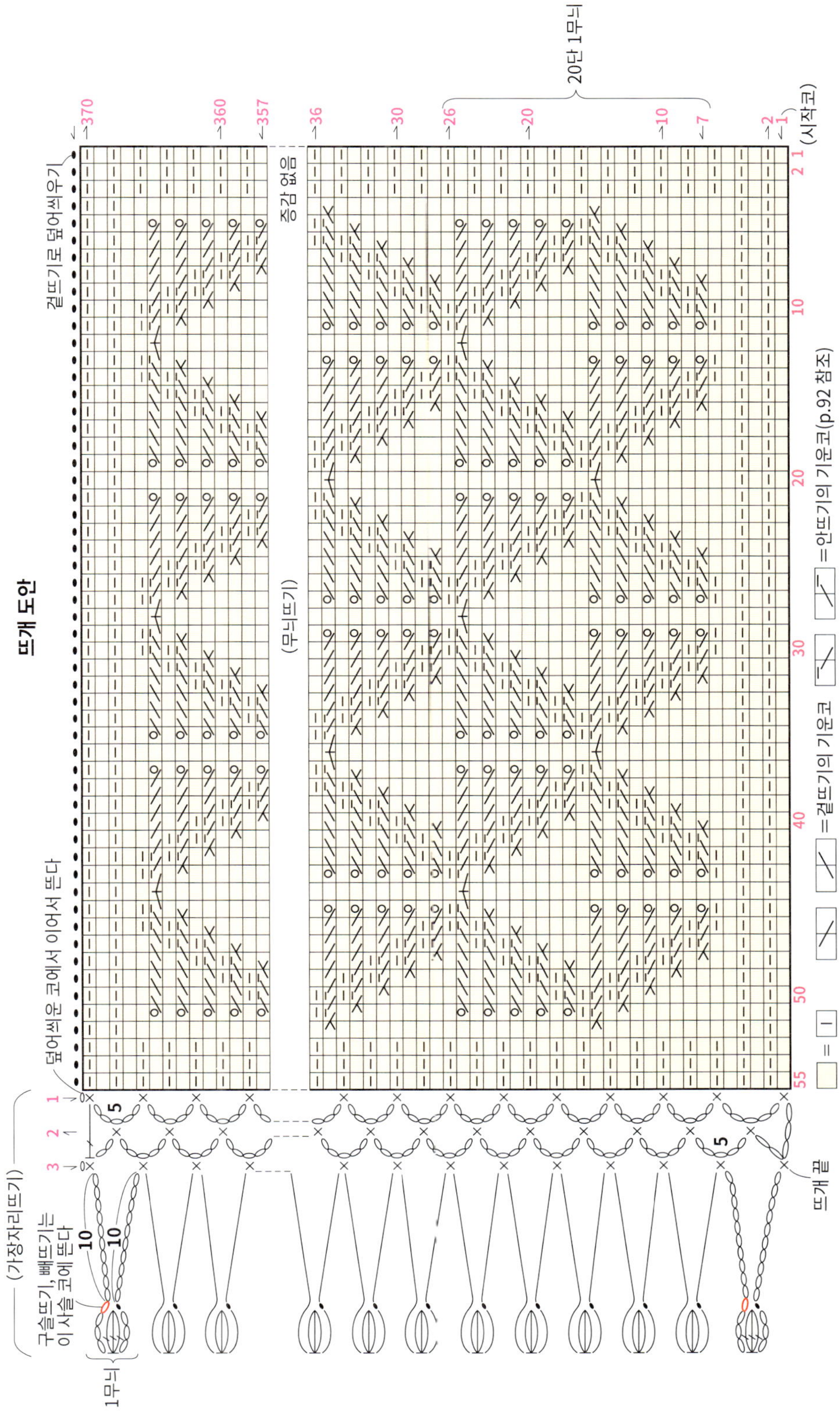

09. 꽈배기 무늬 손도아 장갑 ⇒ p.16

A

B

완성 치수 손바닥 둘레 19㎝   길이 30㎝
실 하마나카 아메리 /
　　A 베이지 (21) 40g
　　　내추럴 브라운 (23) 20g
　　　콘 옐로 (31) 10g
　　B 차콜 그레이 (30) 40g
　　　다크 네이비 (53) 20g
　　　크림슨 레드 (5) 10g
바늘 하마나카 아미아미 7호 (4.2mm),
　　　　6호 (3.9mm)
　　짧은 대바늘 (5개 세트)
게이지 메리야스뜨기
　　　22코 =9.5㎝ , 28단 = 10㎝
　　무늬뜨기
　　　27코 =9.5㎝ , 28단 = 10㎝

뜨는 방법
실은 1가닥으로 뜬다. 지정한 실과 바늘로 뜬다.

1… 오른손 장갑을 뜬다. p.93의 엄지장갑 기초를 참고하여
　　일반적인 시작코로 48코를 만들어 원통형으로 만들고
　　p.55의 뜨개 도안대로 1코 고무뜨기, 2코 고무뜨기를 뜬다.
2… 이어서 손바닥을 메리야스뜨기, 손등을 무늬뜨기로 뜨는데
　　엄지손가락 구멍에는 별도의 실로 떠넣는다.
3… 장갑의 손가락 끝부분은 코를 줄이면서 뜨고 남은 12코에
　　실을 끼워 오므린다.
4… 엄지손가락은 별도의 실을 풀어내어 15코를 원통형으로
　　주워 메리야스뜨기를 뜨고, 남은 8코에 실을 끼워 오므린다.
5… 왼손은 오른손과 같은 방법으로 뜨는데 엄지손가락 구멍은
　　대칭이 되는 위치에 만든다.

전체 도안

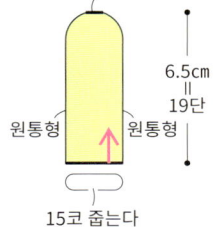

엄지손가락
(메리야스뜨기)
7호 바늘
A 콘 옐로
B 크림슨 레드

남은 8코는 1코씩 걸러서 두 바퀴 돌아가며
돗바늘로 실을 끼워 오므린다

6.5㎝ = 19단
원통형   원통형
15코 줍는다

엄지손가락 코 줍는 방법

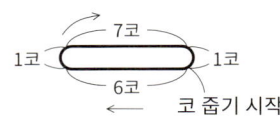

7코
1코　　　1코
6코
코 줍기 시작

손바닥과 손등 뜨개 도안

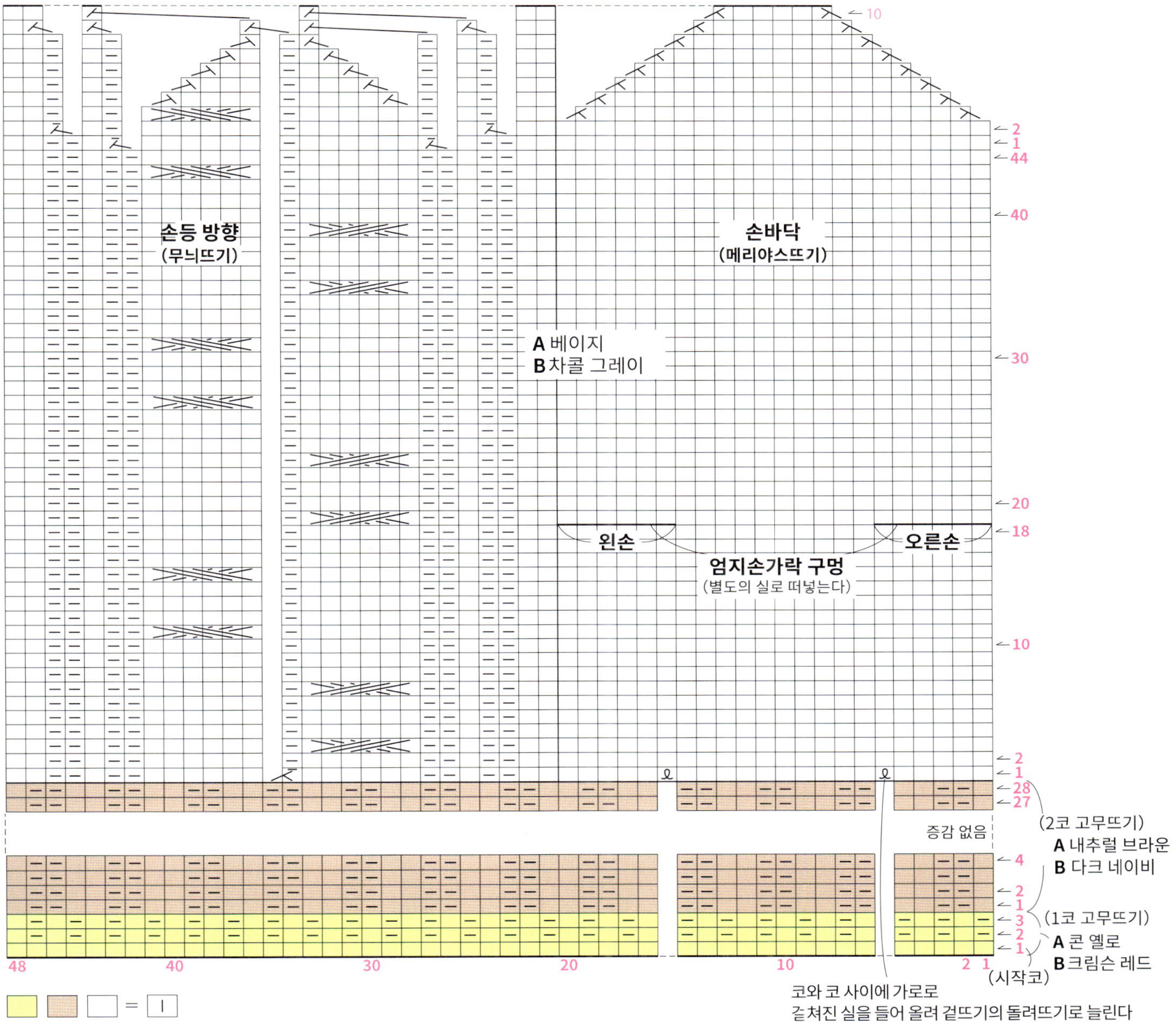

엄지손가락 뜨개 도안

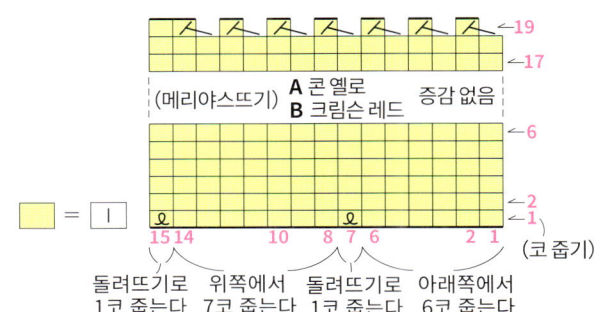

10. 니트 숄더백 ⇒ p.18

완성 치수 가로 45㎝   세로 41㎝
실 하마나카 맨즈 클럽 마스터 /
아이보리 (22) 100 g , 그레이 (71) 60 g
레드 (42) , 블루 (62) 각 40g
바늘 하마나카 아미아미 10호 (5.1mm) 대바늘 (4개 세트),
라쿠라쿠 8/0호 양쪽 코바늘
기타 지름 3.5㎝ 단추 2개
게이지 메리야스뜨기 줄무늬   15코 × 21단 = 가로 세로 10㎝
멍석뜨기 줄무늬   16코 × 23.5단 = 가로 세로 10㎝

뜨는 방법
실은 단추 걸이 고리 이외는 1가닥으로 뜬다 . 지정한 실과 바늘로 뜬다 .
1… 본체는 대바늘 4개 중 2개를 사용하여 일반적인 시작코로
48코를 만들고 메리야스뜨기 줄무늬 , 멍석뜨기 줄무늬로
p.57의 뜨개 도안대로 뜨는 방향에 주의하여 뜬다 .
마지막은 겉뜨기로 덮어씌워 코막음한다 .
2… 마무리 방법을 참고하여 ①~③의 순서로 맞춤 표시 (● , ▲)
끼리 떠서 꿰매기로 연결하고 모서리를 안쪽으로 접어 공그르기
한다 .
3… 손잡이 (마무리 방법 ④) 는 ③의 접히는 부분에서 코를 주워
돌려뜨기 1코 고무뜨기를 하고 끝 단은 쉼코로 둔다 (p.88 사진
참조). 나머지 한쪽의 손잡이를 뜨고 끝단끼리 맞대어 덮어씌워
빼뜨기 잇기로 연결한다 .
4… 가방 입구와 손잡이 둘레에 가장자리뜨기 A, B를 뜬다 (마무리 방법 ⑤ , ⑥) .
p.57의 뜨개 도안대로 가장자리뜨기 A를 1단 뜨고 이어서 가장자리뜨기 B를
떠서 한 바퀴 돌아간 다음 가장자리뜨기 A의 2단을 뜬 후 실을 자른다 .
5… 단추 걸이 고리를 떠서 지정한 위치에 달고 단추를 단다 (마무리 방법 ⑦~⑨) .

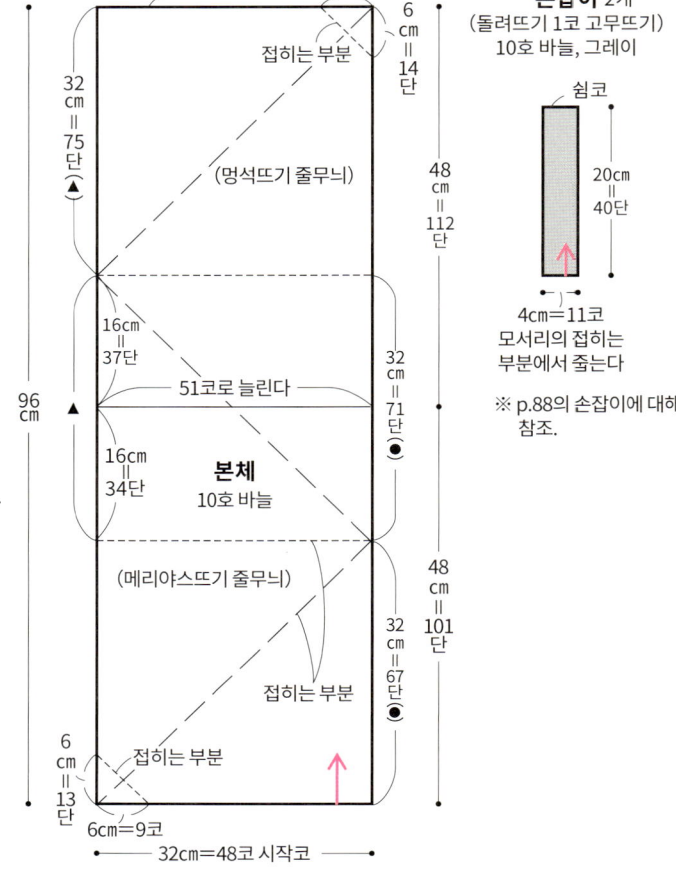

메리야스뜨기 줄무늬 뜨개 도안

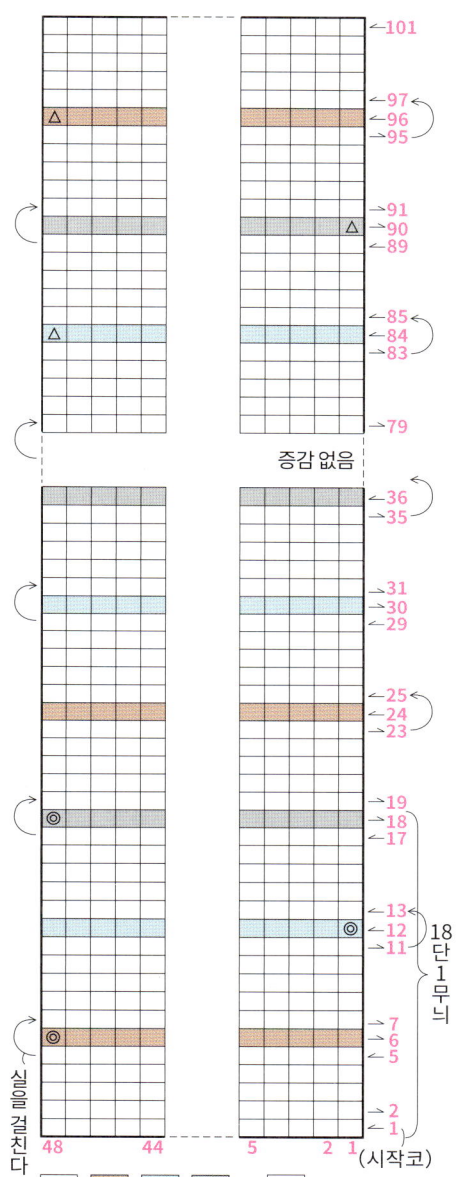

배색표

바탕실		아이보리
배색실		레드
		블루
		그레이

멍석뜨기 줄무늬 뜨개 도안

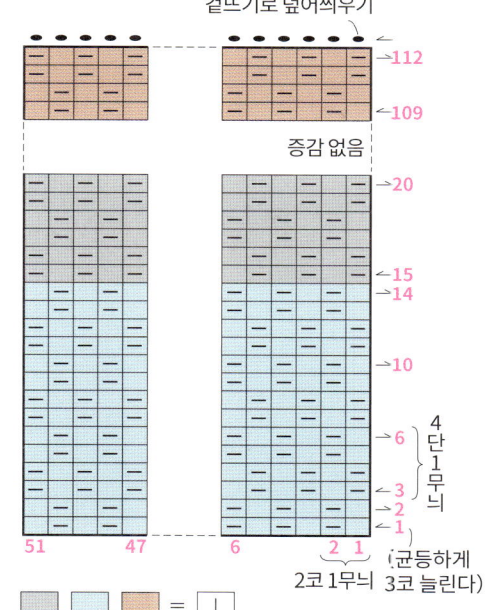

멍석뜨기 줄무늬 배색표

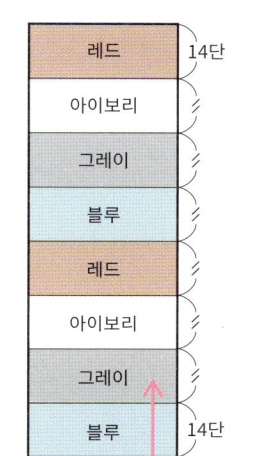

단추 걸이 고리

8/0호 코바늘, 그레이 2가닥

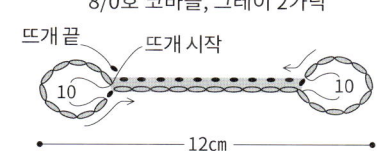

손잡이 뜨개 도안

가방 입구와 손잡이 둘레 뜨개 도안

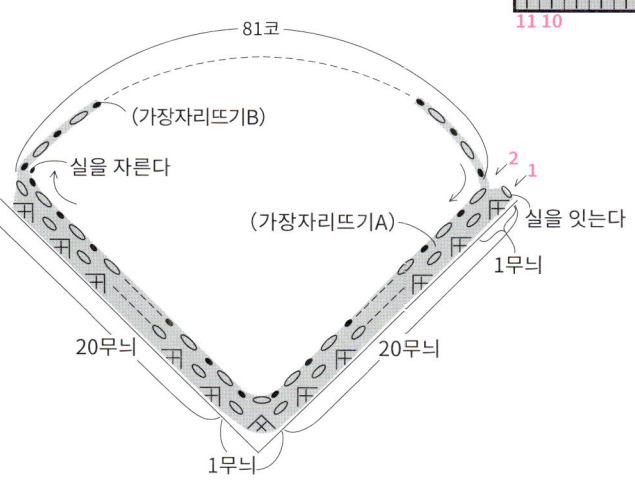

11. 브라운 넥워머 ⇒ p.19

완성 치수 둘레 64 cm 폭 17.5 cm
실 하마나카 맨즈 클럽 마스터 / 브라운 (74) 95g
　　하마나카 메리노 울 퍼 / 캐멀 (3) 45g
바늘 하마나카 아미아미 10 호 (5.1mm)
　　　　　　　　대바늘 (4 개 세트)
게이지 무늬뜨기　17.5 코× 25 단 = 가로 세로 10 cm
　　　메리야스뜨기 11 코× 18.5 단 = 가로 세로 10 cm

뜨는 방법
실은 1 가닥으로 뜬다. 모두 10 호 대바늘을 사용하여 지정한 실로 뜬다.

1··· 브라운 실을 사용하여 겉은 일반적인 시작코로 112 코를 만들어
　　원통형으로 만들고 , 무늬뜨기로 뜨개 도안대로 증감 없이 뜬다 .
2··· 캐멀 실로 바꿔 안을 메리야스뜨기 (2, 33 단은 안뜨기) 로 뜨는데
　　1 단은 70 코로 줄이면서 뜨고 , 마지막은 겉뜨기로 덮어씌워
　　코막음한다 .
3··· 뜨개 시작 부분과 끝부분을 감아 잇기로 연결한다
　　 (겉에 캐멀 색상의 실이 조금 보인다).

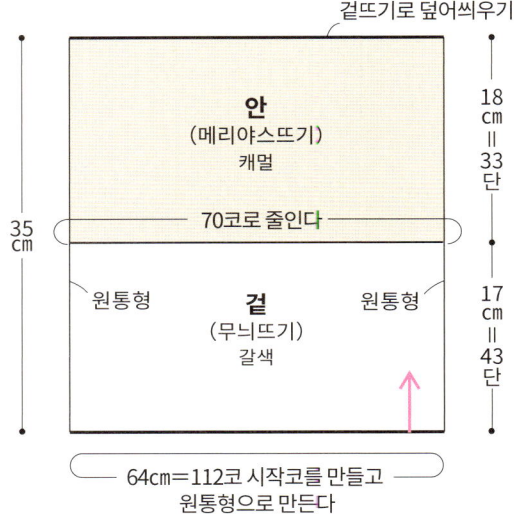

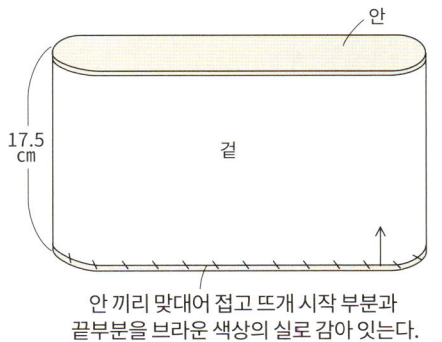

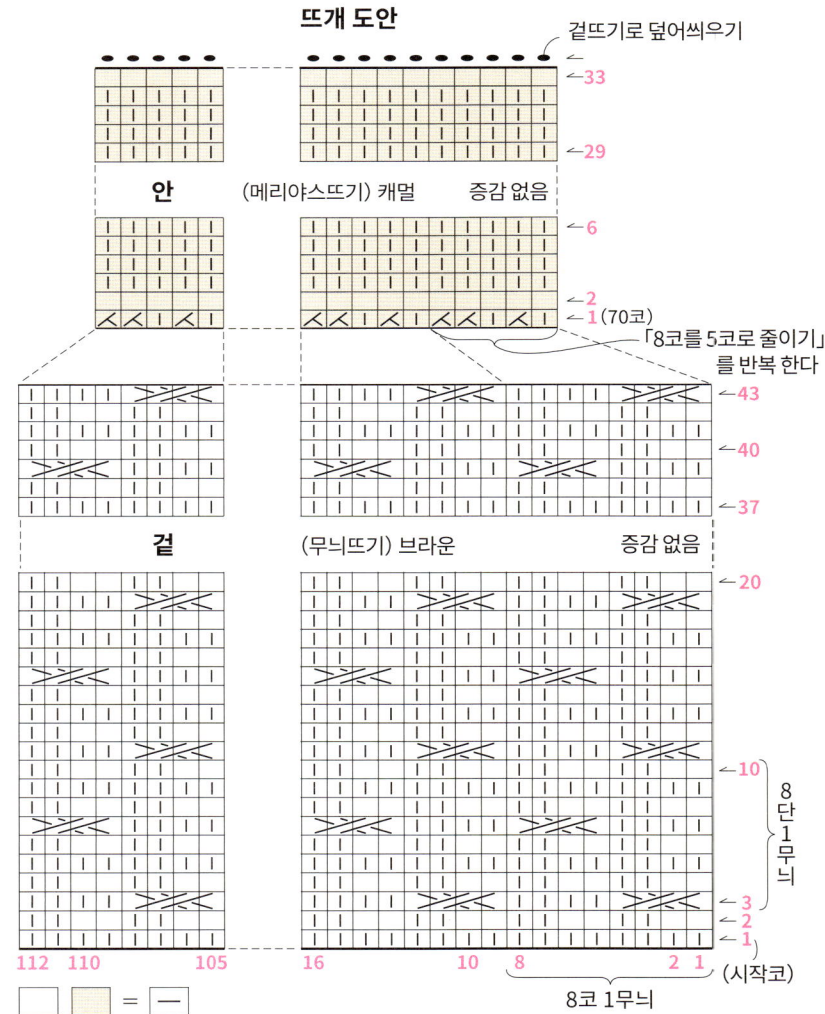

12. 다이아몬드 무늬 모자 ⇒ *p.20*

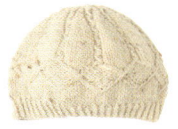

완성 치수 머리둘레 52 cm
깊이 22 cm

실 하마나카 아란 트위드
/ 베이지(1) 80g

바늘 하마나카 아미아미 8 호 (4.5mm)
대바늘 (4 개 세트)

게이지 무늬뜨기
17 코× 26 단 = 가로 세로 10 cm

뜨는 방법

실은 1 가닥으로 뜬다 .
모두 8 호 대바늘로 뜬다 .

1··· 풀어내는 시작코로 120 코를 만들어 원통형으로 만들고 무늬뜨기로 뜨개 도안대로 코를 줄이면서 뜬 다음 남은 20 코에 실을 끼워 오므린다 .

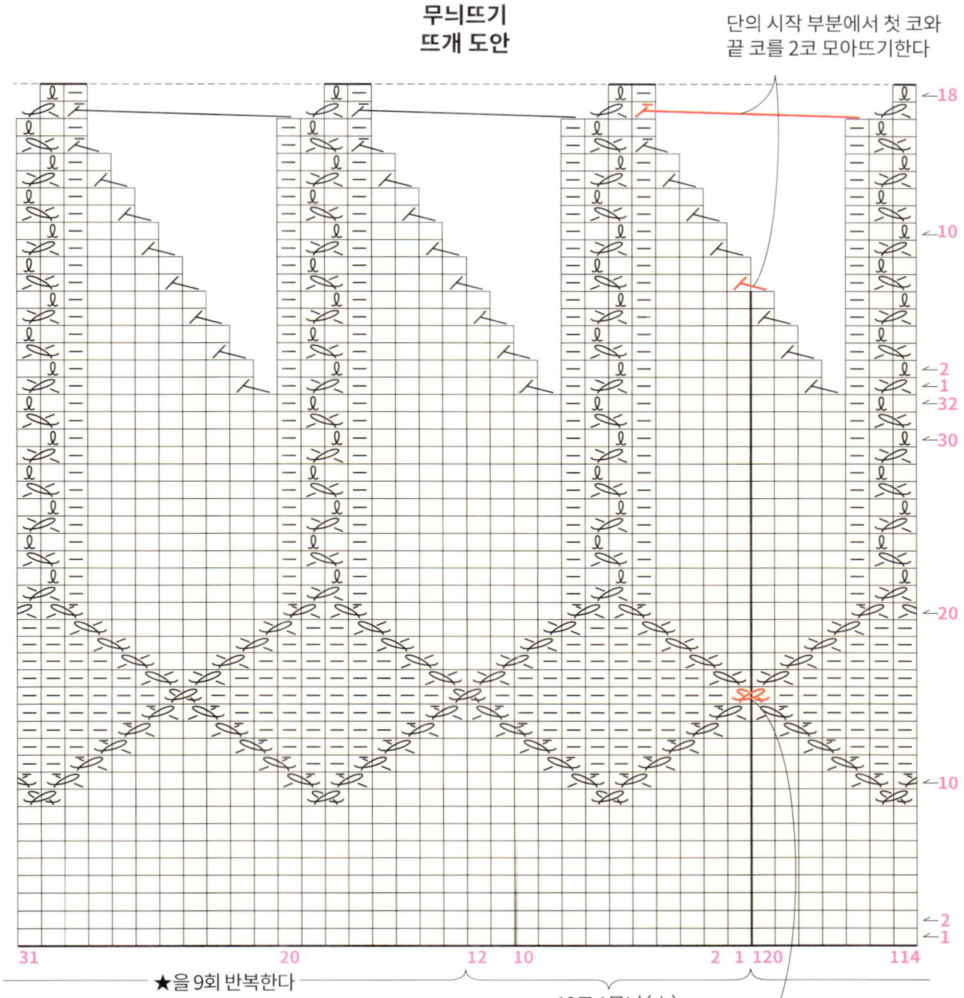

2··· 시작코를 풀어내어 코를 주워 돌려뜨기 1 코 고무뜨기를 뜨고 , 마지막은 앞 단과 같은 기호로 덮어씌워 코막음한다 .

무늬뜨기 뜨개 도안

□ = |

= 돌려뜨기를 뜨면서 왼코 겹쳐 2코 모아뜨기를 한다.

= 돌려뜨기로 왼코 위 교차뜨기를 한다.

p.90 의 교차 뜨는 방법과 같은 방법으로 단의 시작코와 끝코를 왼코가 위가 되도록 코의 위치를 바꿔서 1코를 단의 시작 부분에서 뜨고, 단의 끝부분에서 나머지 1코를 뜬다.

전체 도안

돌려뜨기 1코 고무뜨기 뜨개 도안

□ = —

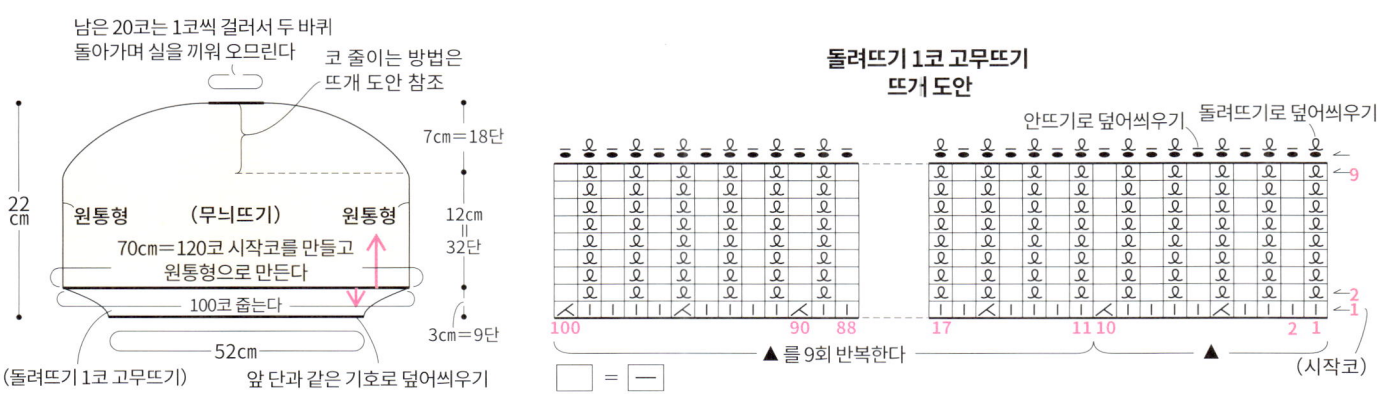

13. 단색 무늬 숄 ⇒ p.21

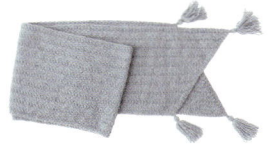

완성 치수 폭 28 cm 길이 (태슬 제외) 160 cm
실 하마나카 아메리 / 차이나 블루 (29) 190g
바늘 하마나카 아미아미 6 호 (3.9mm) 막힘 대바늘 (2 개 세트)
기타 두꺼운 종이 (태슬용)
게이지 무늬뜨기 22 코× 25 단 = 가로세로 10 cm

뜨는 방법
실은 1 가닥으로 뜬다 . 모두 6 호 대바늘로 뜬다 .

1… 일반적인 시작코로 61 코를 만들어 1 코 고무뜨기 , 무늬뜨기로 뜨개 도안대로 오른쪽에서 코를 늘리고 왼쪽에서 코를 줄이면서 뜬다 .
마지막은 안쪽에서 앞 단과 같은 기호로 덮어씌워 코막음한다 .
2… p.90 사진을 참고하여 태슬을 만들어 모서리에 단다 .

전체 도안

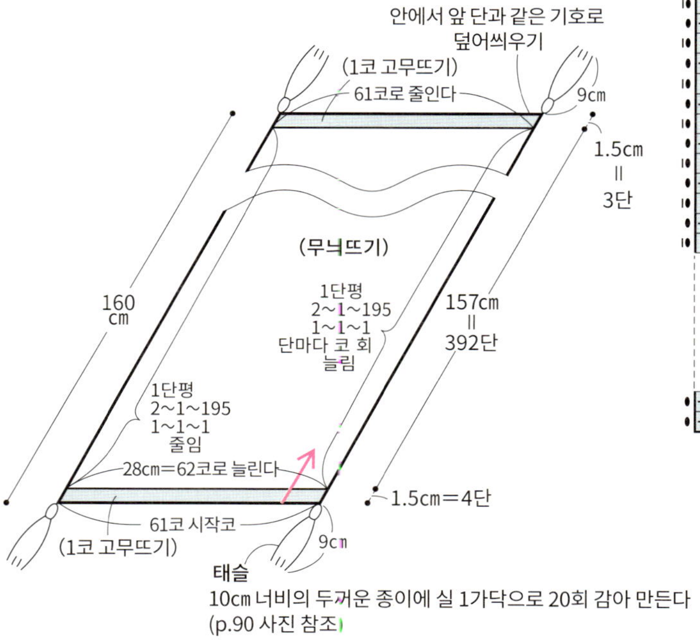

뜨개 도안

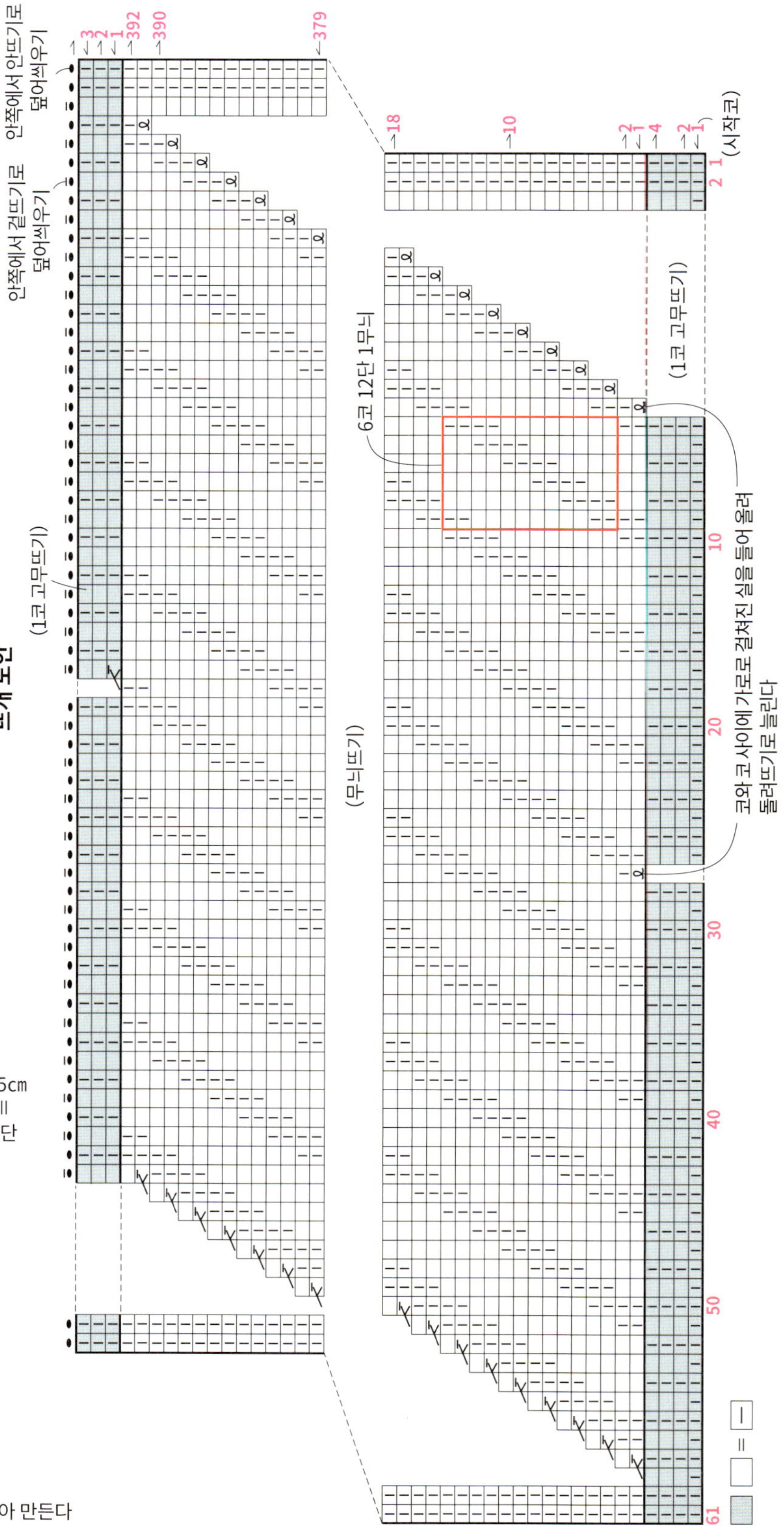

14. 트위드 × 모헤어 스누드 ⇒ p.22

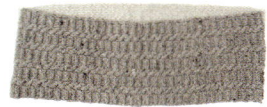

완성 치수 폭 27 cm 둘레 140 cm
실 하마나카 아란 트위드 / 그레이(3) 130g
하마나카 프랑 / 그레이 (202) 60g
바늘 하마나카 아미아미 8 호 (4.5mm) 막힘 대바늘 (2 개 세트)
게이지 무늬뜨기 19.5 코× 27.5 단 = 가로세로 10 cm
멍석뜨기 19.5 코× 24 단 = 가로세로 10 cm

뜨는 방법

실은 1 가닥으로 뜬다 .
모두 8 호 대바늘을 사용하여 지정한 실로 뜬다 .

1… 아란 트위드 실을 사용하여 일반적인 시작코로 53 코를 만들고 , 무늬뜨기를 뜨개 도안대로 증감 없이 뜬다 .
2… 프랑 실로 바꿔 1 코 고무뜨기와 멍석뜨기를 뜨고 마지막은 앞 단과 같은 기호로 덮어씌워 코막음한다 .
3… 뜨개 시작 부분과 끝부분을 한 코 감아 잇기로 연결하여 원통형으로 만든다 .

전체 도안

마무리 방법

뜨개 도안

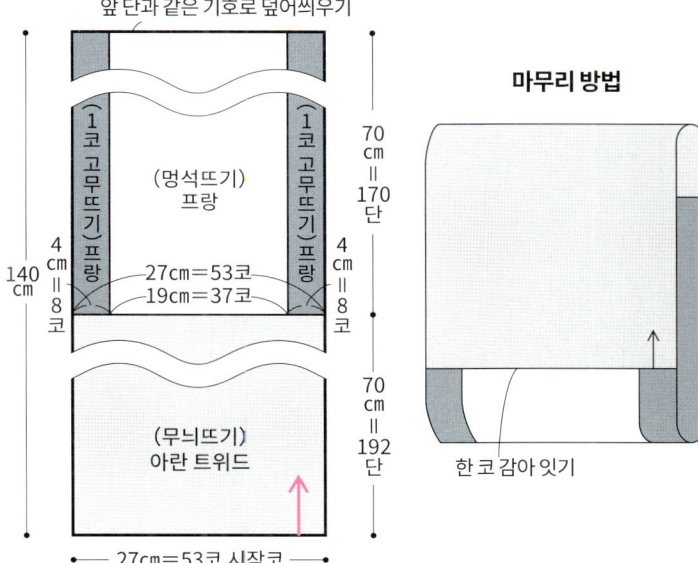

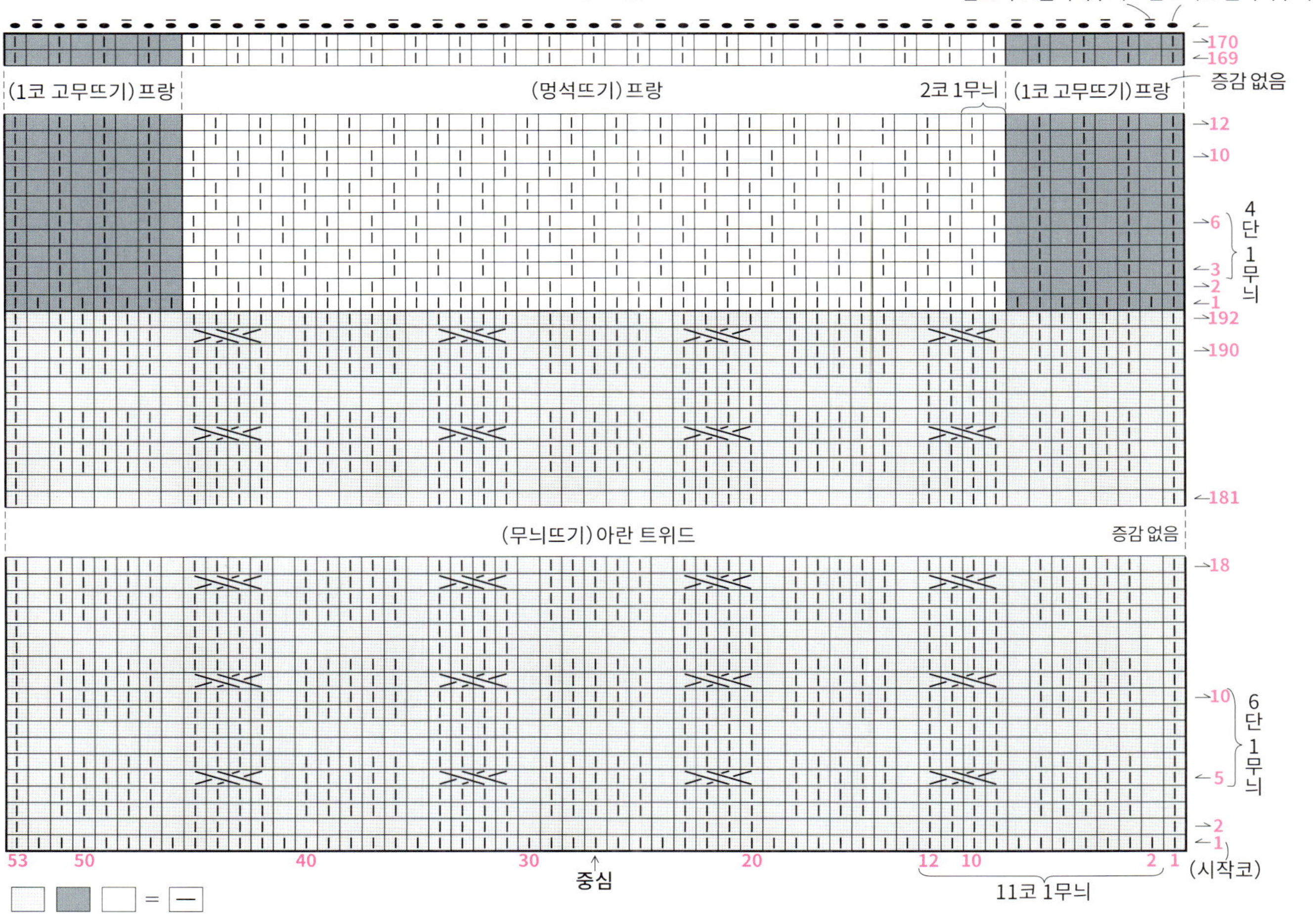

15. 기하학 무늬 핸드워머 ⇒ *p.24*

완성 치수 손바닥 둘레 20㎝, 길이 20㎝
실 하마나카 아메리 / 차콜 그레이 (30) 35g,
　　　　　　　　　　　레몬 옐로 (25) 15g
바늘 하마나카 아미아미 6호 (3.9mm), 4호 (3.3mm)
　　　　　　　　짧은 대바늘 (5 개 세트)
게이지 메리야스뜨기 배색 무늬
　　　　　22 코× 27 단 = 가로세로 10 ㎝

뜨는 방법

실은 1 가닥으로 뜬다. 지정한 실과 바늘로 뜬다.

1… 오른손을 뜬다. p.93 의 손모아 장갑 기초를 참고하여 일반적인 시작코로 44 코를 만들어 원통형으로 만들고 1 코 고무뜨기 줄무늬로 p.63 의 뜨개 도안대로 22 단을 뜬다.
2… 이어서 손바닥 쪽과 손등 쪽을 메리야스뜨기 배색무늬로 뜨는데 엄지손가락 구멍에는 별도의 실로 떠 넣는다.
3… 무늬뜨기를 뜨고 마지막은 앞 단과 같은 기호로 덮어씌워 코막음한다.
4… 엄지손가락은 별도의 실을 풀어내어 14 코를 원통형으로 주워서 1 코 고무뜨기를 뜨고, 마지막은 앞 단과 같은 기호로 덮어씌워 코막음한다.
5… 왼손은 오른손과 같은 방법으로 뜨는데 엄지손가락 구멍은 대칭이 되는 위치에 만든다.

전체 도안

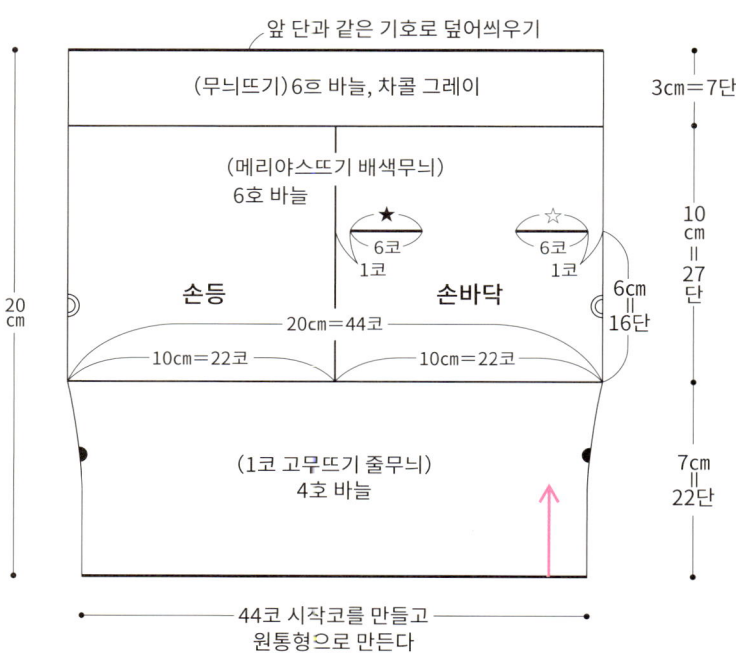

엄지손가락

엄지손가락 코 줍는 방법

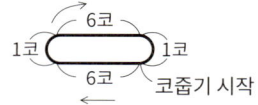

엄지손가락 뜨개 도안

손바닥과 손등 뜨개 도안

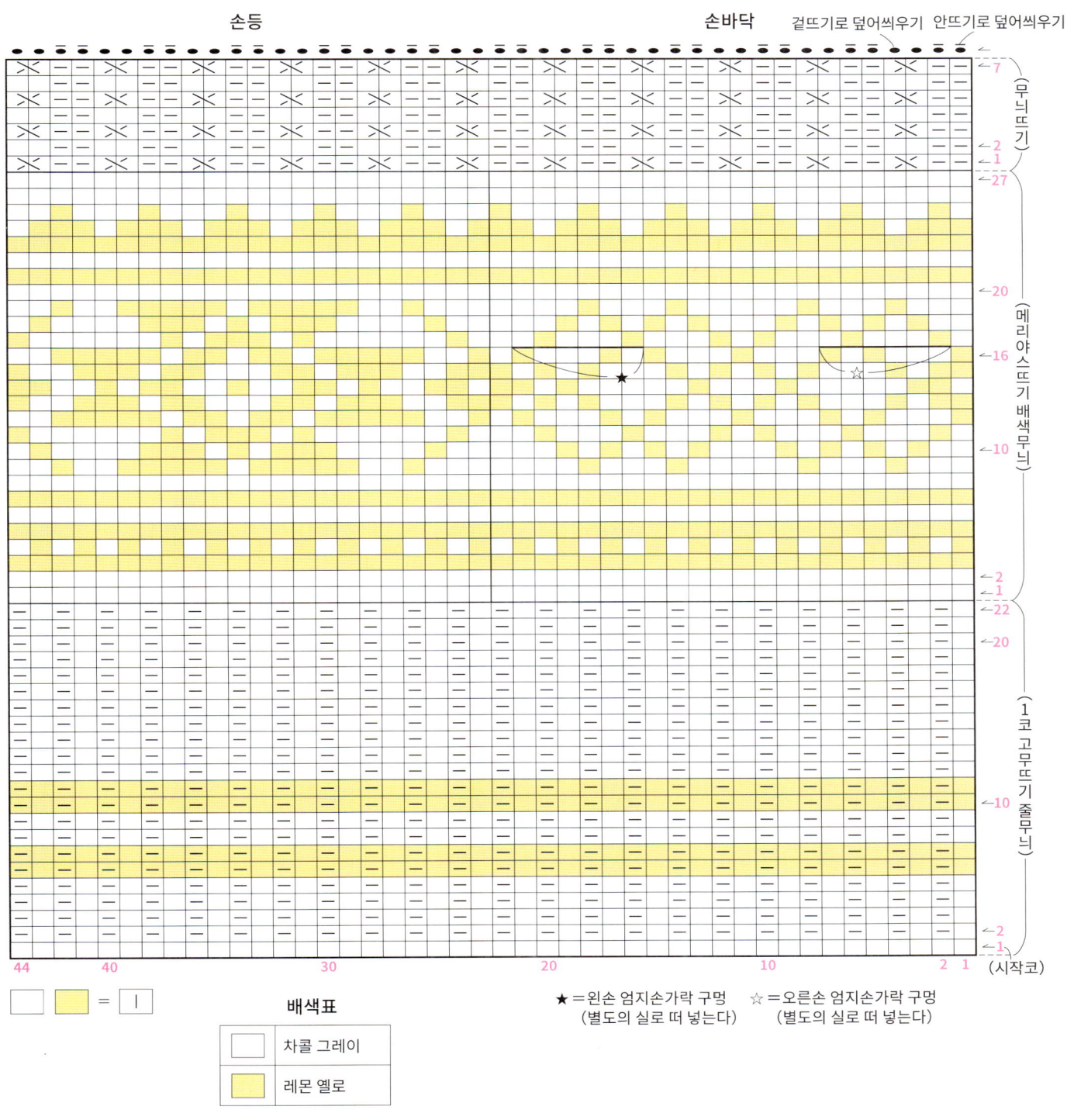

16. 그러데이션 모자 ⇒ *p.25*

완성 치수 머리둘레 51 cm 깊이 30 cm
실 하마나카 아메리
　　　／그레이 (22) 35g , 와인 (19) 20g , 퍼플 (18) 10g ,
　　　차콜 그레이 (30) 10g , 내추럴 화이트 (20) 10g
바늘 하마나카 아미아미 6 호 (3.9mm) 짧은 대바늘 (5 개 세트)
기타 두꺼운 종이 (방울용)
게이지 무늬뜨기 줄무늬 , 무늬뜨기 22 코× 29 단 = 가로세로 10 cm

뜨는 방법
실은 1 가닥으로 뜬다 . 모두 6 호 대바늘을 사용하여 지정한 실로 뜬다 .
1… 일반적인 시작코로 112 코를 만들어 원통형으로 만들고 , 1 코 고무뜨기 , 무늬뜨기 줄무늬 (p.65 사진 참조), 무늬뜨기로 뜨개 도안대로 코를 줄이면서 뜨고 , 남은 14 코에 실을 끼워 오므린다 .
2… 방울을 만들어 꿰매 단다 .

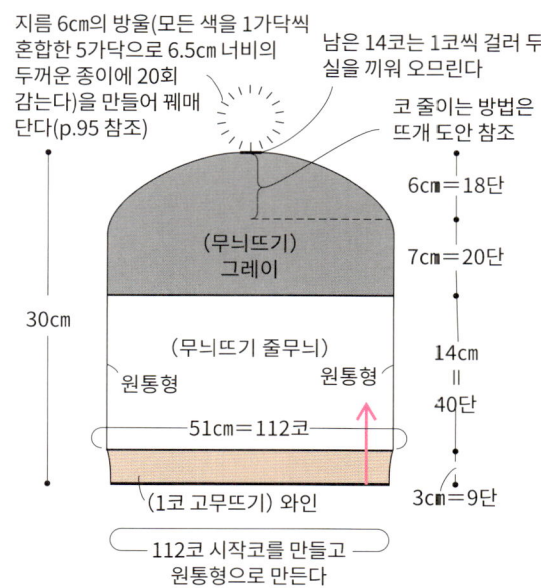

전체 도안

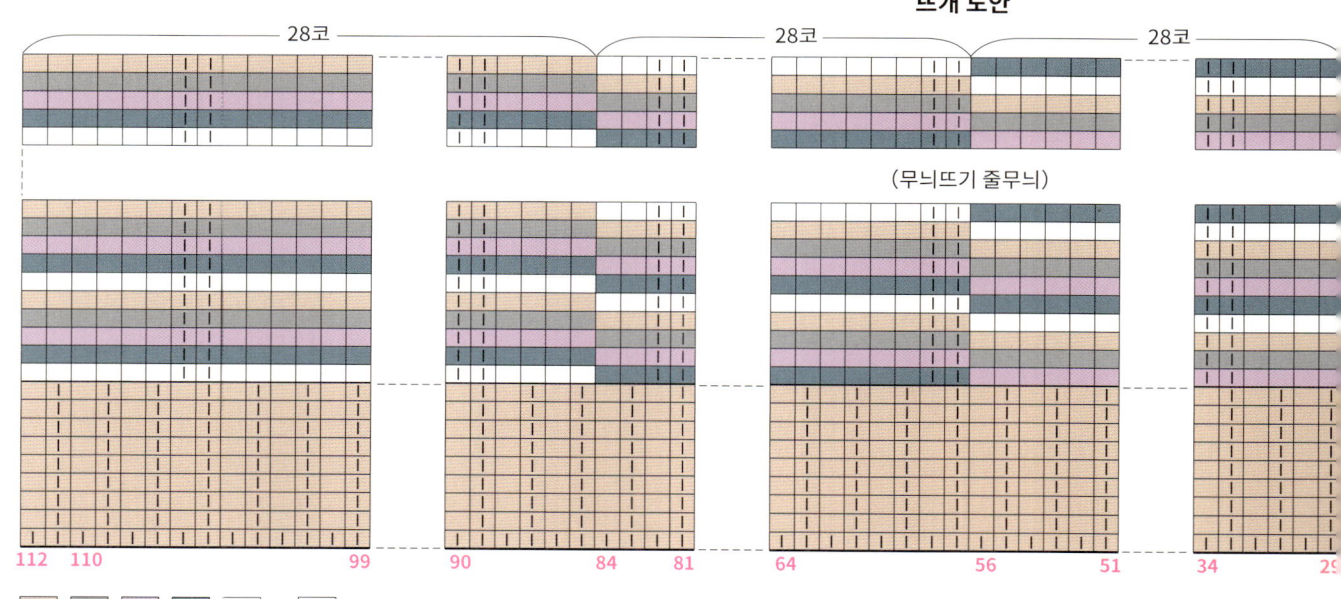

1코 고무뜨기와 무늬뜨기 줄무늬 뜨개 도안

무늬뜨기 뜨개 도안

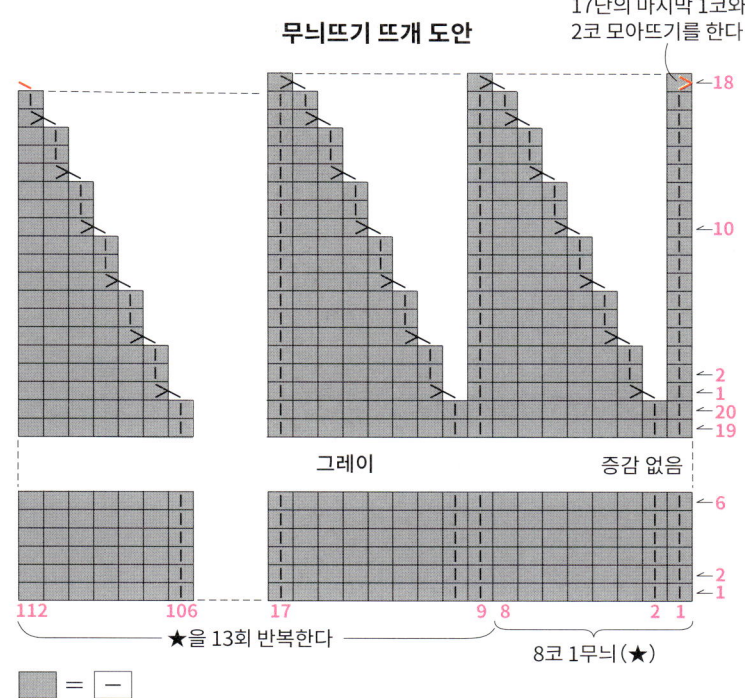

17단의 마지막 1코와 오른코 겹쳐 2코 모아뜨기를 한다

그레이 / 증감 없음

112　106　17　9 8　2 1

★을 13회 반복한다　　8코 1무늬(★)

■ = ―

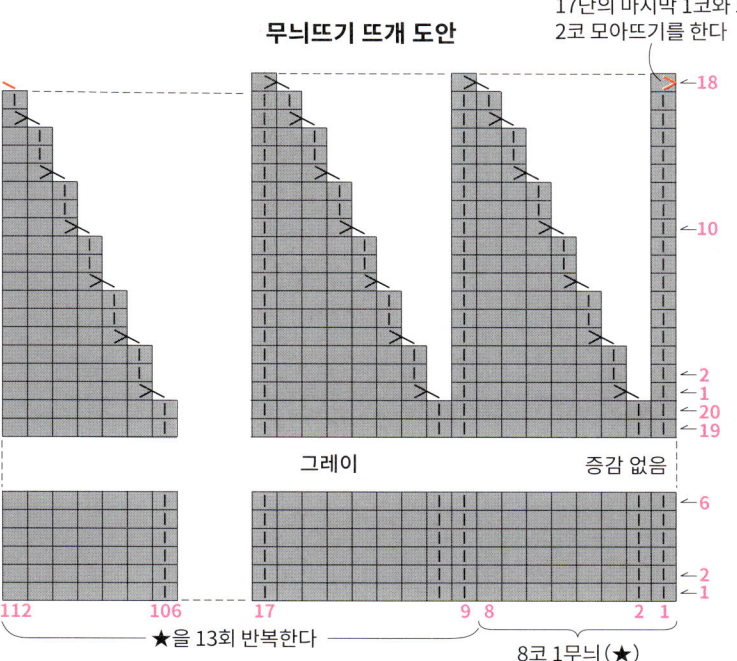

28코 / 8코 1무늬 / 증감 없음

(1코 고무뜨기)　(시작코)

28　25　16　10　2 1

「무늬뜨기 줄무늬」 뜨는 방법

대바늘 4 개는 1 개에 28 코씩 걸어 놓고 (4 개에 112 코), 1 개씩 (28 코씩) 실을 바꿔가며 뜬다 .

와인색 실 / 첫째 바늘 (그레이)

1
1 단 . 1 코 고무뜨기를 뜬 와인색 실을 쉬어두고 , 다섯째 바늘을 사용해 바늘 1 개를 그레이 실로 뜬다 .

둘째 바늘 (퍼플) / 셋째 바늘 (차콜 그레이) / 넷째 바늘 (내추럴 화이트)

2
같은 방법으로 둘째 바늘을 퍼플 , 셋째 바늘을 차콜 그레이 , 넷째 바늘을 내추럴 화이트 실로 뜬다 .

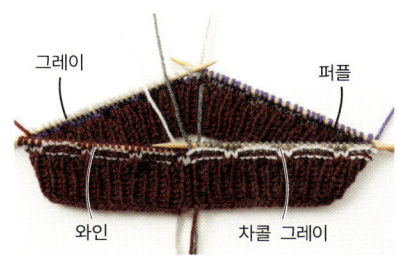

그레이 / 퍼플 / 와인 / 차콜 그레이

3
2 단 . 첫째 바늘은 쉬어둔 와인색 , 둘째 바늘은 그레이 , 셋째 바늘은 퍼플 , 넷째 바늘은 차콜 그레이로 뜬다 (둘째 ~ 넷째 바늘은 1 단의 바로 전 바늘에서 뜬 실).

4
같은 방법으로 3 단부터는 내추럴 화이트→와인→그레이→퍼플→차콜 그레이 순서로 바늘마다 실을 바꿔 반복하여 떠나간다 (사진은 3 단).

실제 작품 .
다섯 가지 색을 28 코씩 뜨면 그러데이션이 완성된다 .

17. 꽈배기 무늬 숄 ⇒ *p.26*

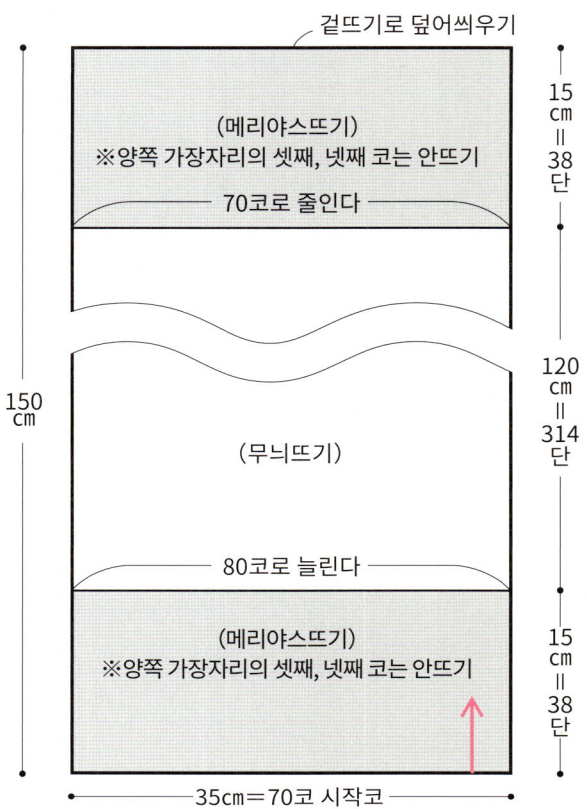

완성 치수 폭 35 cm 길이 150 cm
실 하마나카 소노모노 트위드 / 그레이 (74) 245g
바늘 하마나카 아미아미 6 호 (3.9mm)
  막힘 대바늘 2 개 세트
게이지 메리야스뜨기 20 코 × 25 단 = 가로세로 10 cm
  무늬뜨기 23 코 × 26 단 = 가로세로 10 cm

뜨는 방법
실은 1 가닥으로 뜬다. 모두 6 호 대바늘로 뜬다.

일반적인 시작코로 70 코를 만들어 메리야스뜨기 (양쪽 가장자리의 셋째 , 넷째 코는 안뜨기), 무늬뜨기로 p.67 의 뜨개 도안대로 뜨고 마지막은 겉뜨기로 덮어씌워 코막음한다 .

이 책에서 사용한 실

하마나카 실을 사용했습니다. ①~③은 굵기가 다른 스트레이트 타입의 실. ④~⑩은 트위드나 털이 있는 실, 그러데이션, 퍼 등 날염실이나 팬시 얀. ⑪~⑱은 염료를 사용하지 않은 원모의 색을 혼합한 소노모노 시리즈 실입니다.

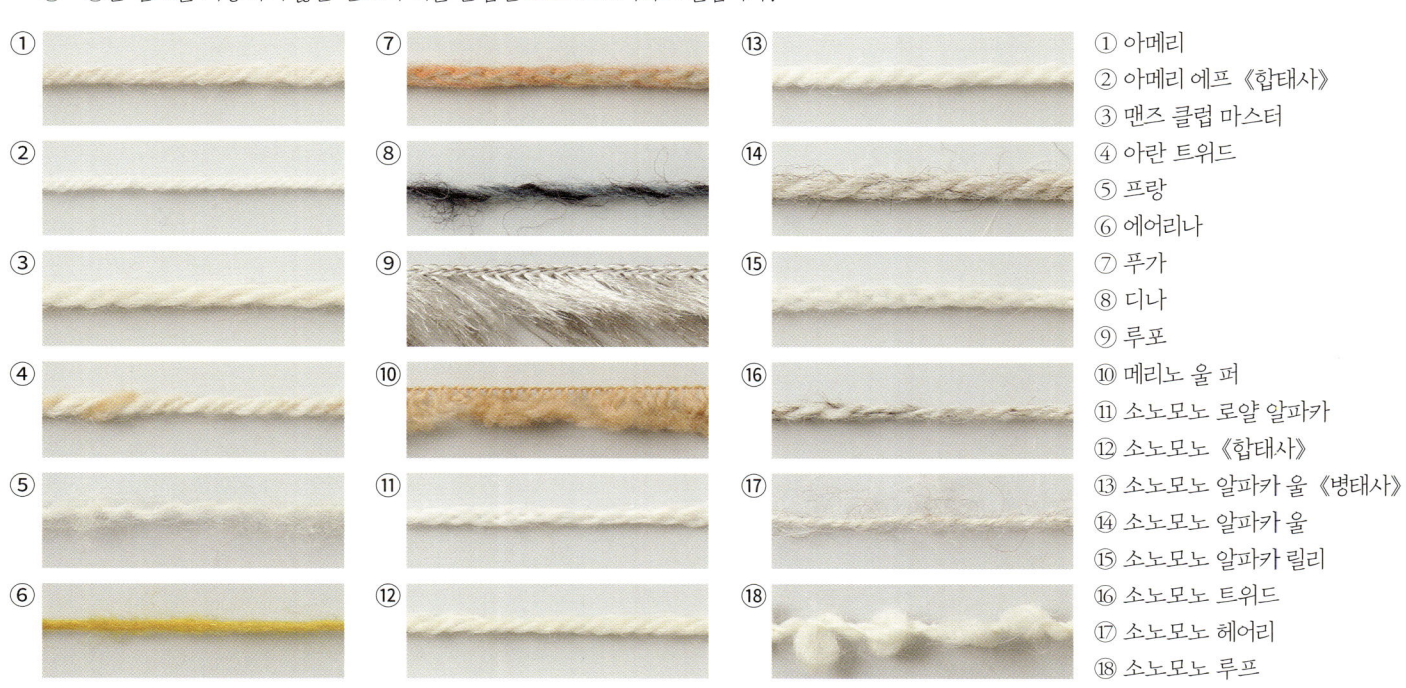

① 아메리
② 아메리 에프 《합태사》
③ 맨즈 클럽 마스터
④ 아란 트위드
⑤ 프랑
⑥ 에어리나
⑦ 푸가
⑧ 디나
⑨ 루포
⑩ 메리노 울 퍼
⑪ 소노모노 로얄 알파카
⑫ 소노모노 《합태사》
⑬ 소노모노 알파카 울 《병태사》
⑭ 소노모노 알파카 울
⑮ 소노모노 알파카 릴리
⑯ 소노모노 트위드
⑰ 소노모노 헤어리
⑱ 소노모노 루프

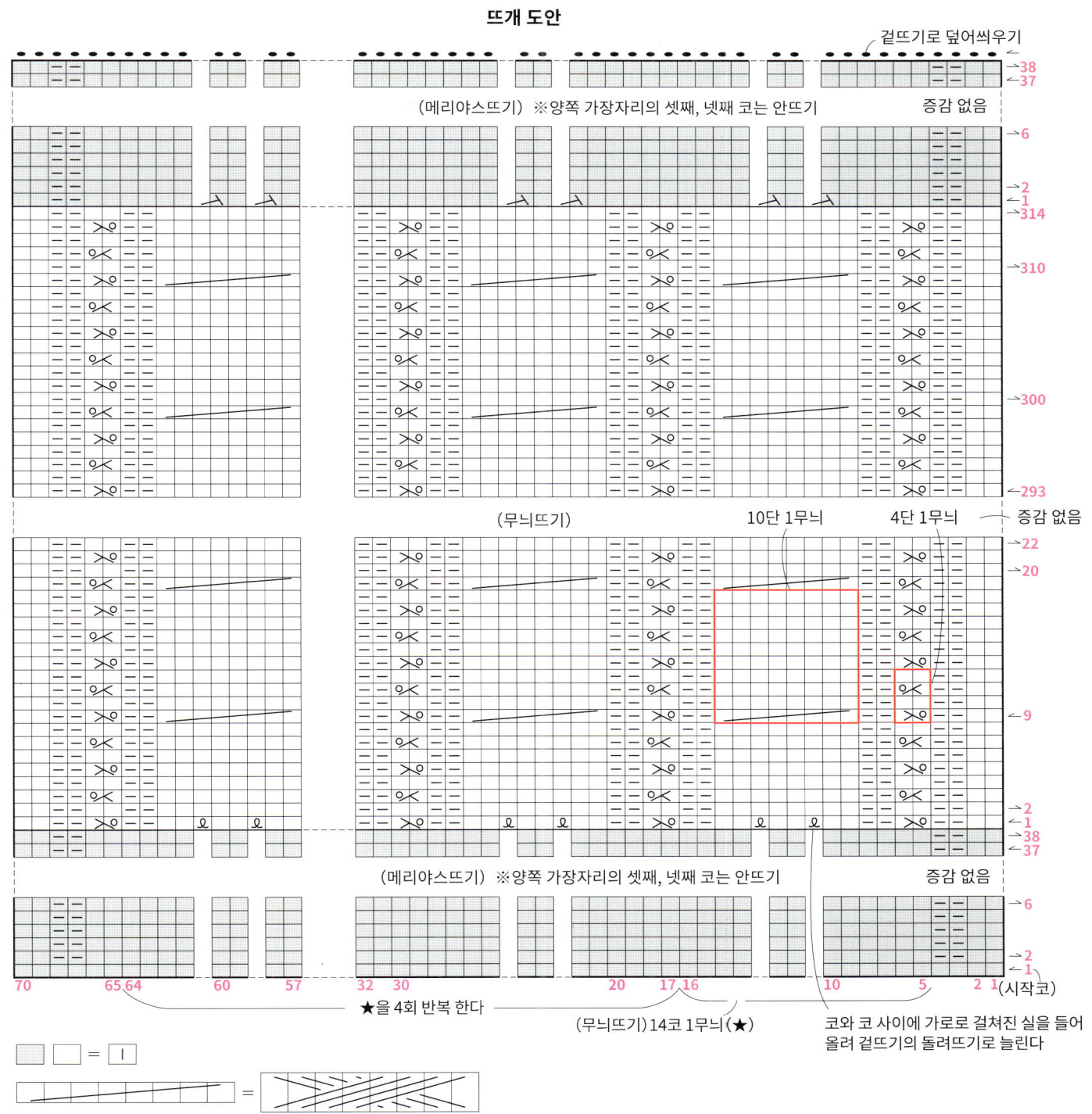

18. 아란 무늬 숄 ⇒ p.27

완성 치수 폭 34 cm 길이 132 cm
실 하마나카 아메리 / 그레이 (22) 255g
바늘 하마나카 아미아미 5 호 (3.6mm)
　　　　　막힘 대바늘 (2 개 세트)
게이지 멍석뜨기 16 코 = 7 cm , 30.5 단 = 10 cm
　　　　　무늬뜨기 B 28.5 코 × 30.5 단 = 가로세로 10 cm

뜨는 방법

실은 1 가닥으로 뜬다 . 모두 5 호 대바늘로 뜬다 .
일반적인 시작코로 89 코를 만들어 무늬뜨기 A, B, 멍석 뜨기로 뜨개 도안대로 증감 없이 뜨고 , 마지막은 앞 단과 같은 기호로 덮어씌워 코막음한다 .

전체 도안

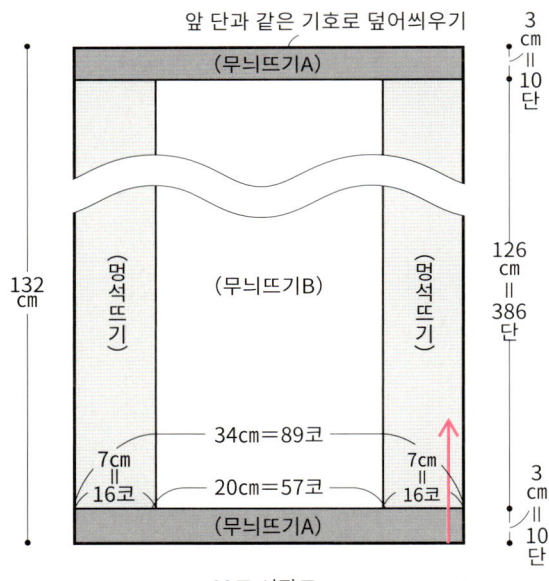

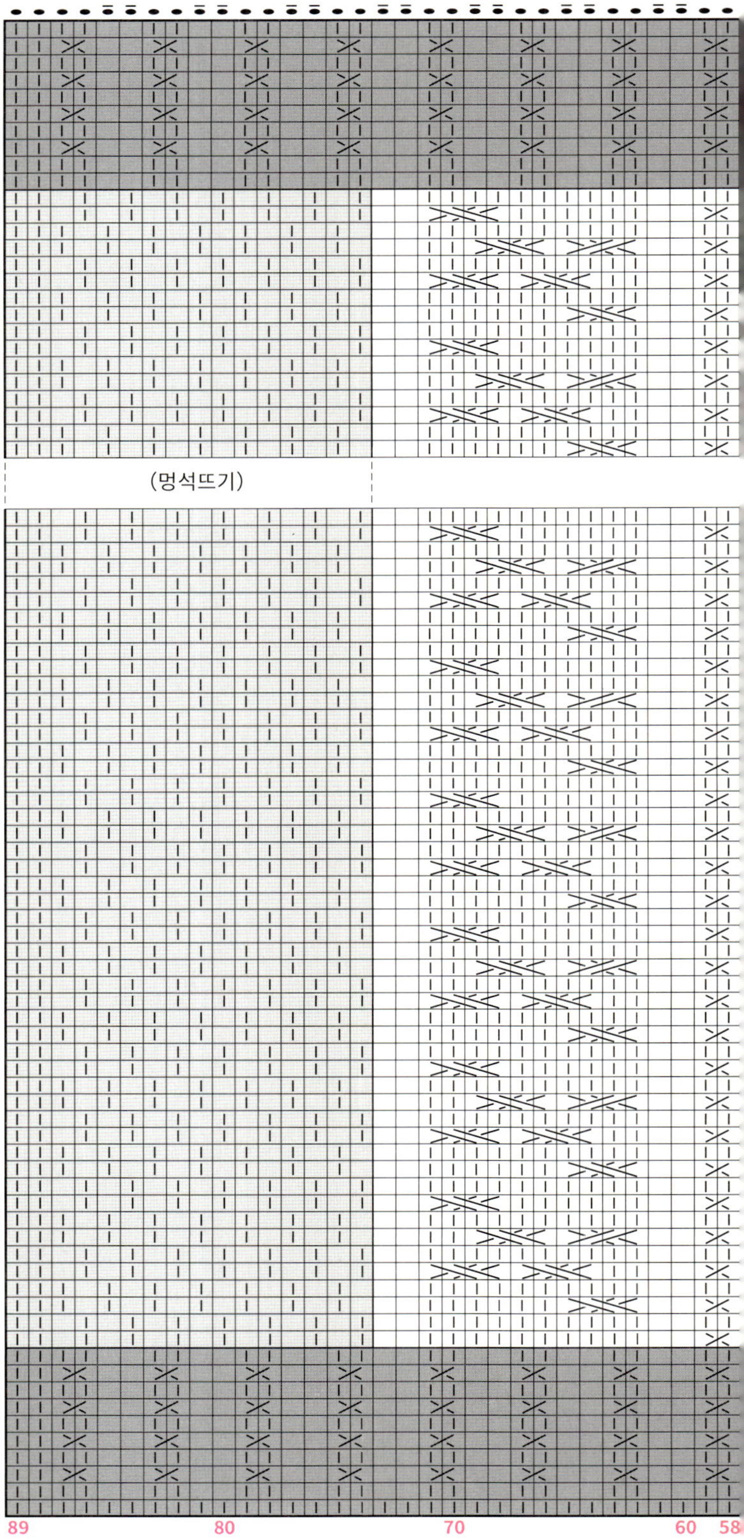

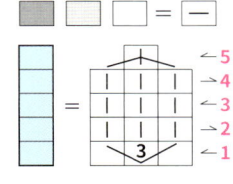

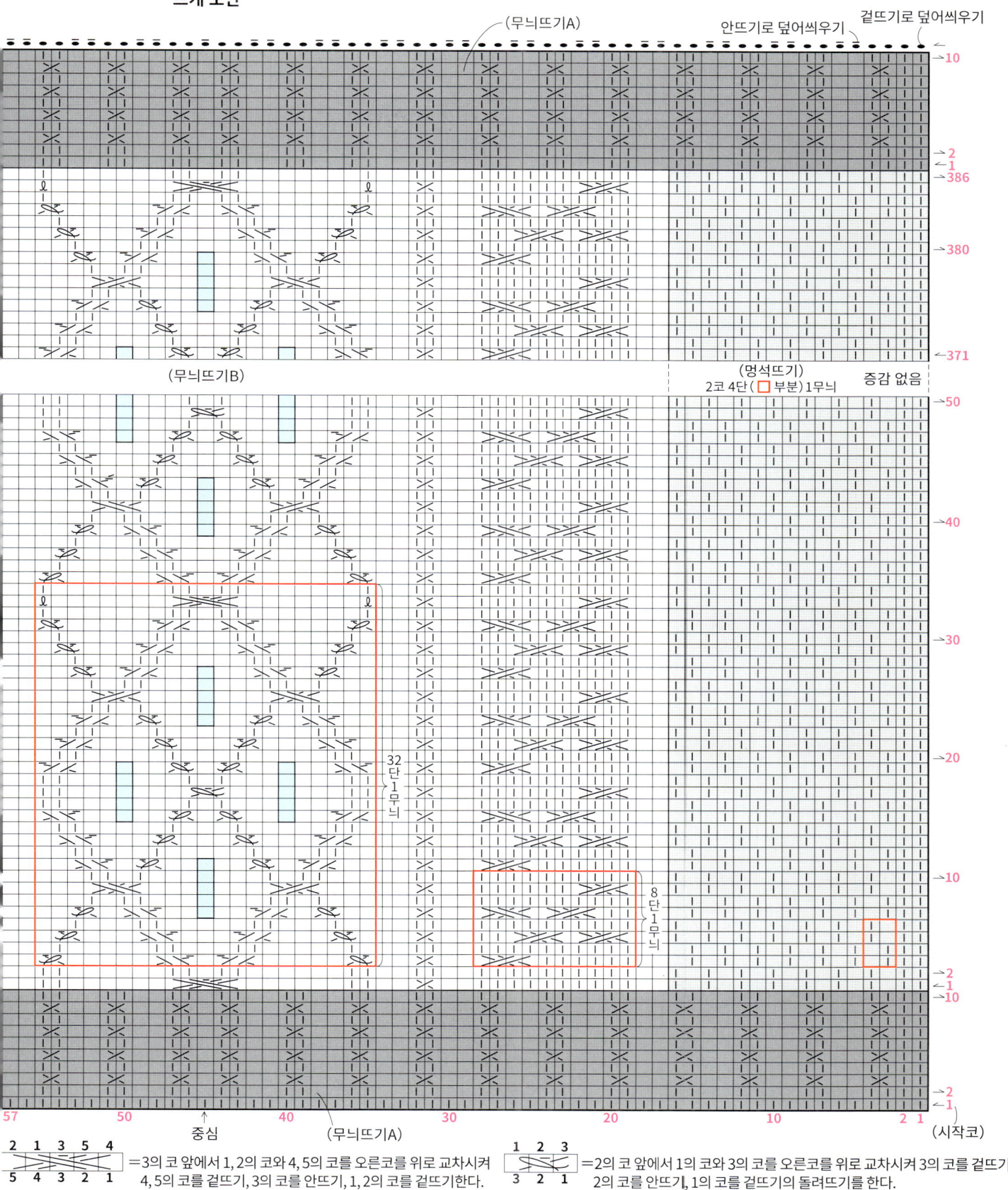

19. 셰틀랜드 레이스 숄 ⇒ p.28

완성 치수 폭(최대 폭) 41 cm 길이 138 cm
실 하마나카 에어리나 / 머스터드 (4) 135g
바늘 하마나카 아미아미 6호 (3.9mm)
         막힘 대바늘 (2개 세트)
게이지 무늬뜨기 B 19.5 코 × 34.5 단 = 가로세로 10 cm

뜨는 방법
실은 1가닥으로 뜬다. 모두 6호 대바늘로 뜬다.

일반적인 시작코로 65코를 만들어 무늬뜨기 A, B, A´로 뜨개 도안대로 뜨고 마지막은 안쪽에서 겉뜨기로 덮어씌워 코막음한다.

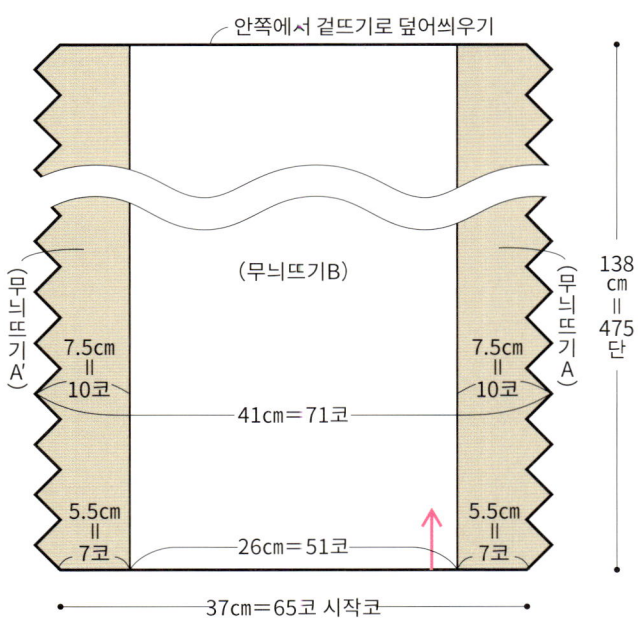

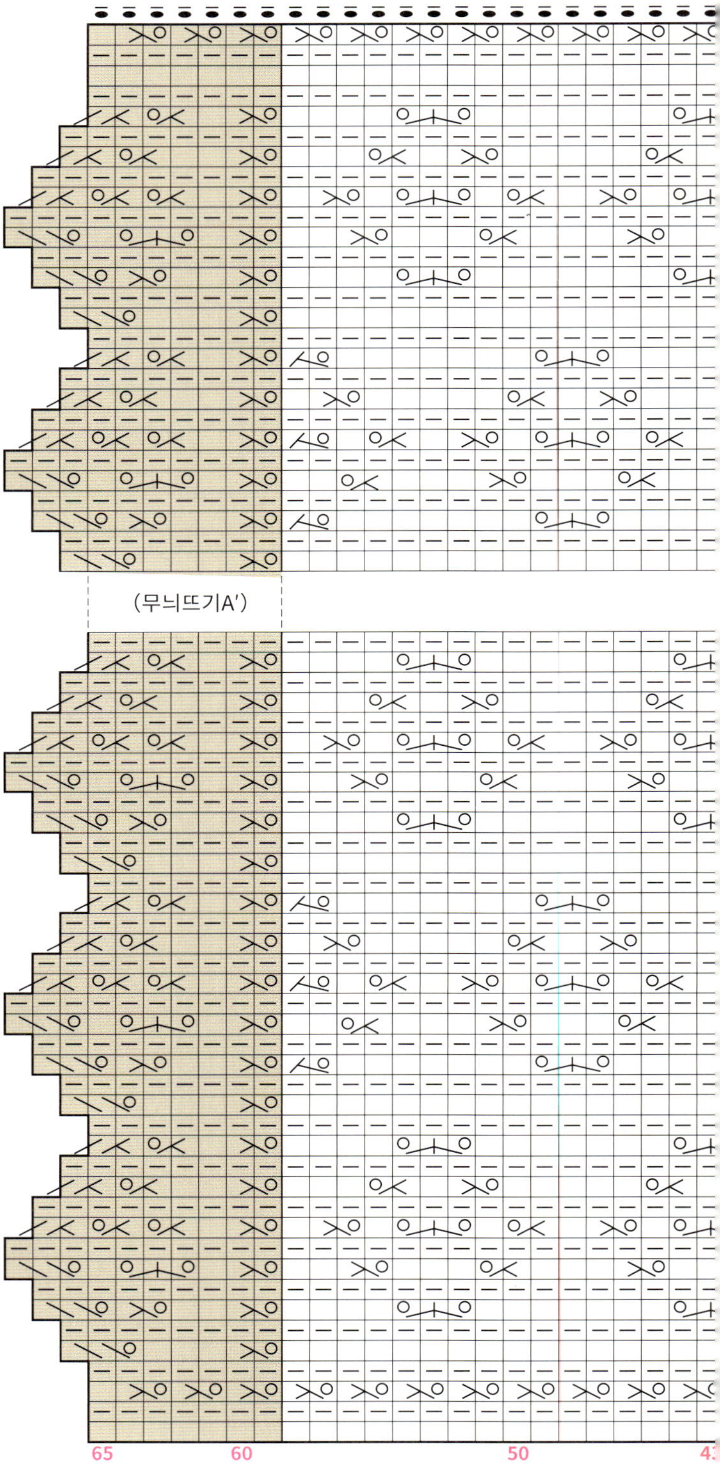

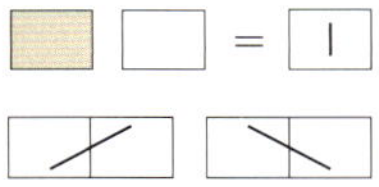

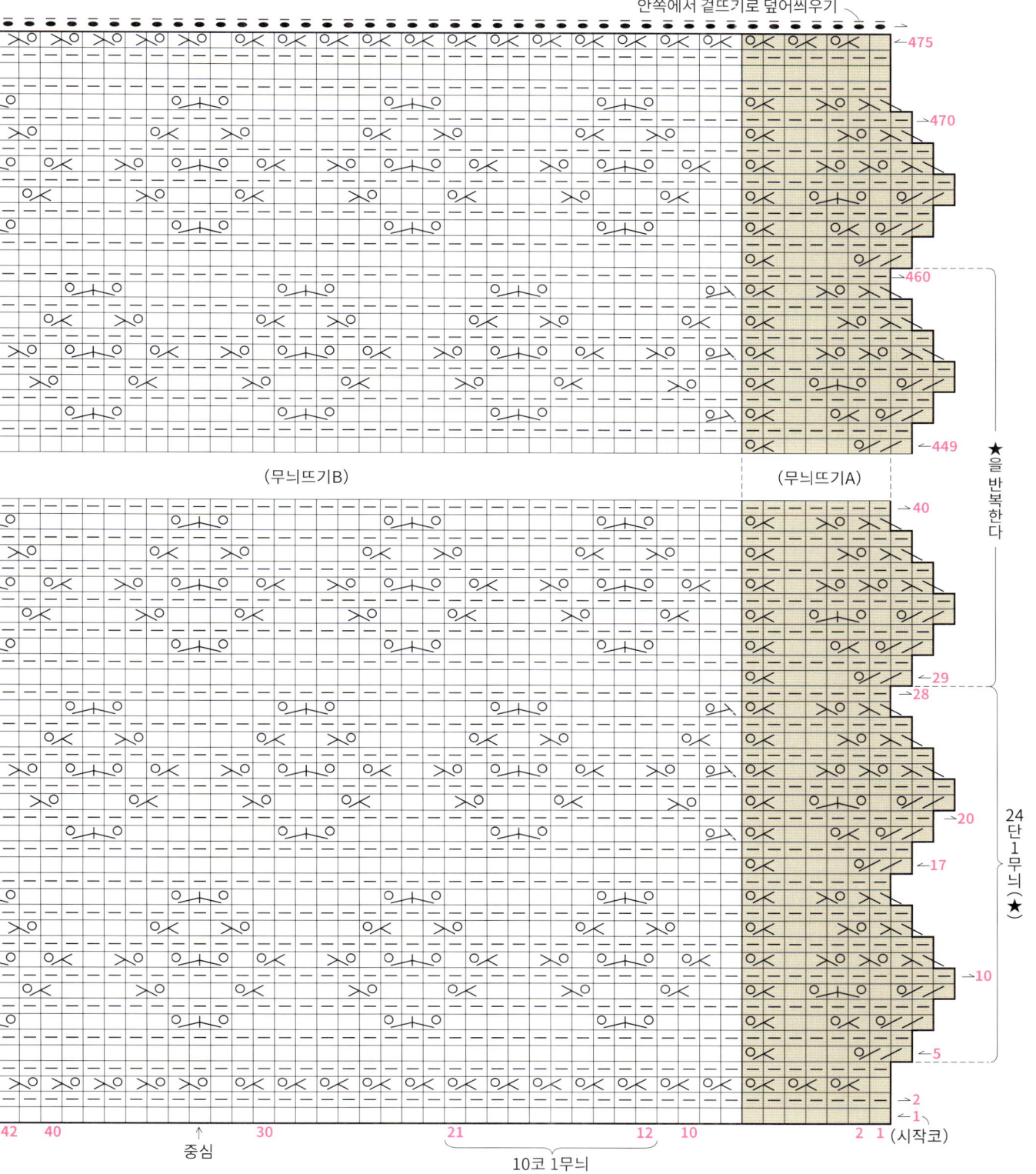

20. 레드 스누드 ⇒ p.30

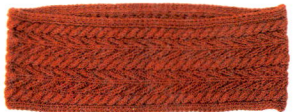

완성 치수 폭 24 cm 둘레 120 cm
실 하마나카 맨즈 클럽 마스터 / 레드 (42) 220g
바늘 하마나카 아미아미 10 호 (5.1mm)
막힘 대바늘 (2 개 세트)
게이지 무늬뜨기 19 코× 21 단 = 가로세로 10 cm

뜨는 방법

실은 1 가닥으로 뜬다 . 모두 10 호 대바늘로 뜬다 .

1… 일반적인 시작코로 46 코를 만들어 무늬뜨기로 뜨개 도안대로 증감 없이 뜨고 마지막은 안쪽에서 앞 단과 같은 기호로 덮어씌워 코막음한다 .
2… 뜨개 시작 부분과 끝부분을 한 코 감아 잇기로 연결하여 원통형으로 만든다 .

전체 도안

마무리 방법

뜨개 도안

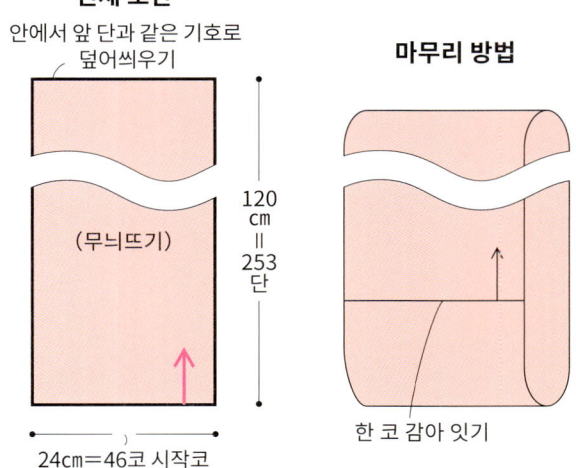

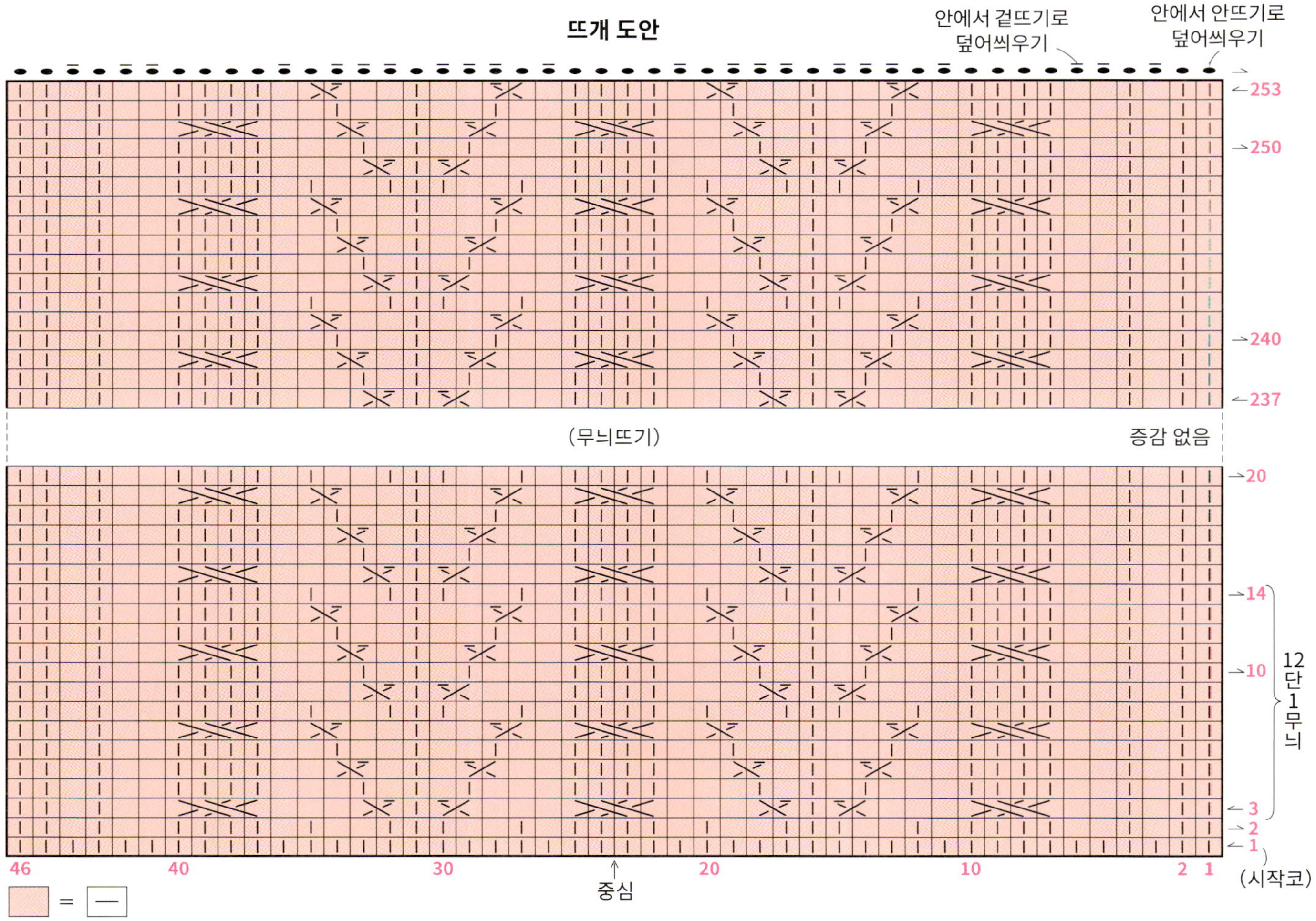

25. 미니 퍼 목도리 ⇒ p.36

완성 치수 폭 (겉) 15㎝ 길이 60㎝
실 하마나카 루포 / 연갈색 (2) 80g
　　 하마나카 소노모노 알파카 울 / 베이지 (42) 45g
바늘 하마나카 아미아미 12 호 (5.7mm)
　　　 막힘 대바늘 (2 개 세트)
게이지 메리야스뜨기
　　　 [알파카 울] 16 코 × 17 단 = 가로세로 10㎝
　　　 [루포] 13 코 × 14 단 = 가로세로 10㎝

뜨는 방법
실은 1 가닥으로 뜬다.
모두 12 호 대바늘을 사용하여 지정한 실로 뜬다.

1… 안과 겉 모두 일반적인 시작코를 만들어 메리야스 뜨기로 증감없이 뜨고 마지막은 겉뜨기로 덮어씌워 코막음한다.
2… 마무리 방법을 참고하여 안과 겉을 뒷면끼리 맞대고 ①~③의 순서로 마무리한다.

전체 도안

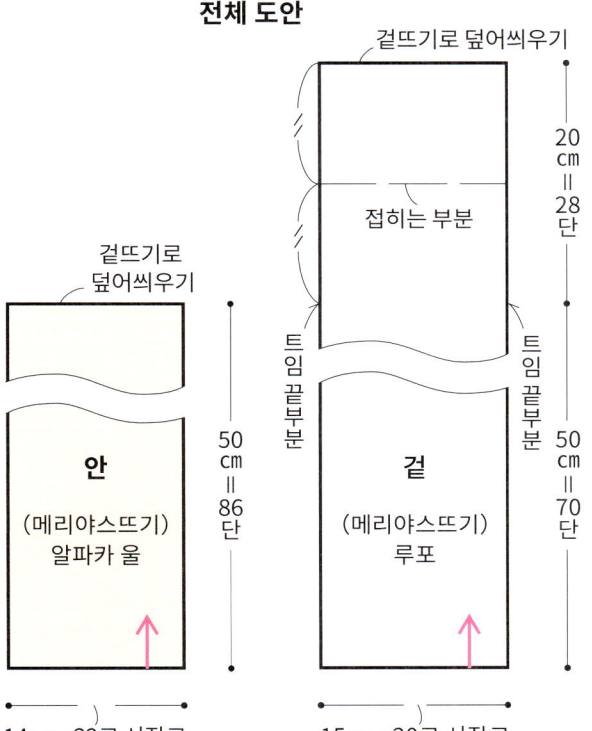

마무리 방법

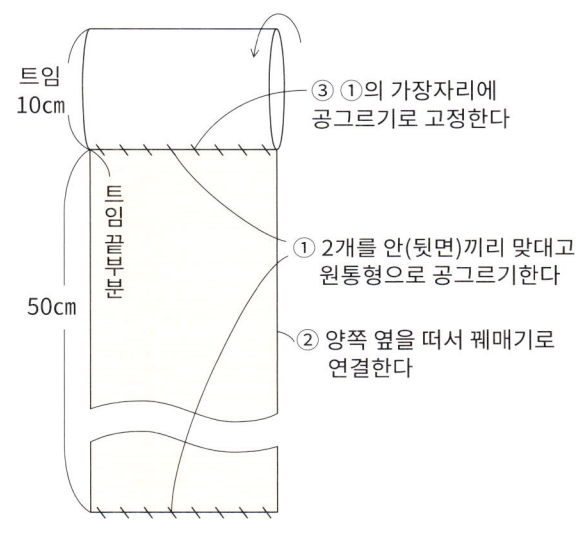

③ ①의 가장자리에 공그르기로 고정한다
① 2개를 안(뒷면)끼리 맞대고 원통형으로 공그르기한다
② 양쪽 옆을 떠서 꿰매기로 연결한다

메리야스뜨기 뜨개 도안

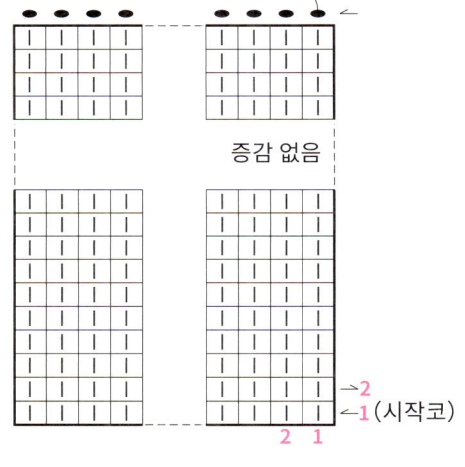

21. 배색 무늬 손모아 장갑 ⇒ p.31

완성 치수 손바닥 둘레 20㎝ 길이 24㎝
실 하마나카 아메리 에프《합태사》
 / 그레이지 (522) 27g ,
 버밀리언 오렌지 (507) 20g ,
 내추럴 화이트 (501) 12g
바늘 하마나카 아미아미 4호 (3.3mm),
 3호 (3.0mm) 짧은 대바늘
 (5개 세트)
게이지 메리야스뜨기 배색무늬
 32코 × 31단 = 가로세로 10㎝

뜨는 방법
실은 1가닥으로 뜬다 . 지정한 실과 바늘로 뜬다 .

1··· 오른손 장갑을 뜬다 .
 p.93의 엄지장갑 기초를 참고하여 일반적인 시작코로 64코를 만들어 원통형으로 만들고 p.75의 뜨개 도안대로 1코 고무뜨기를 뜬다.
2··· 이어서 손바닥과 손등을 메리야스뜨기 배색무늬로 뜨는데 엄지손가락 구멍에는 별도의 실로 떠 넣는다 .
3··· 손가락 끝부분은 코를 줄이면서 뜨고 남은 4코에 실을 끼워 오므린다 .
4··· 엄지손가락은 별도의 실을 풀어내어 21코를 원통형으로 주워 메리야스뜨기를 뜨고 남은 11코에 실을 끼워 오므린다 .
5··· 왼손은 오른손과 같은 방법으로 뜨는데 엄지손가락 구멍은 대칭이 되는 위치에 만든다 .

전체 도안

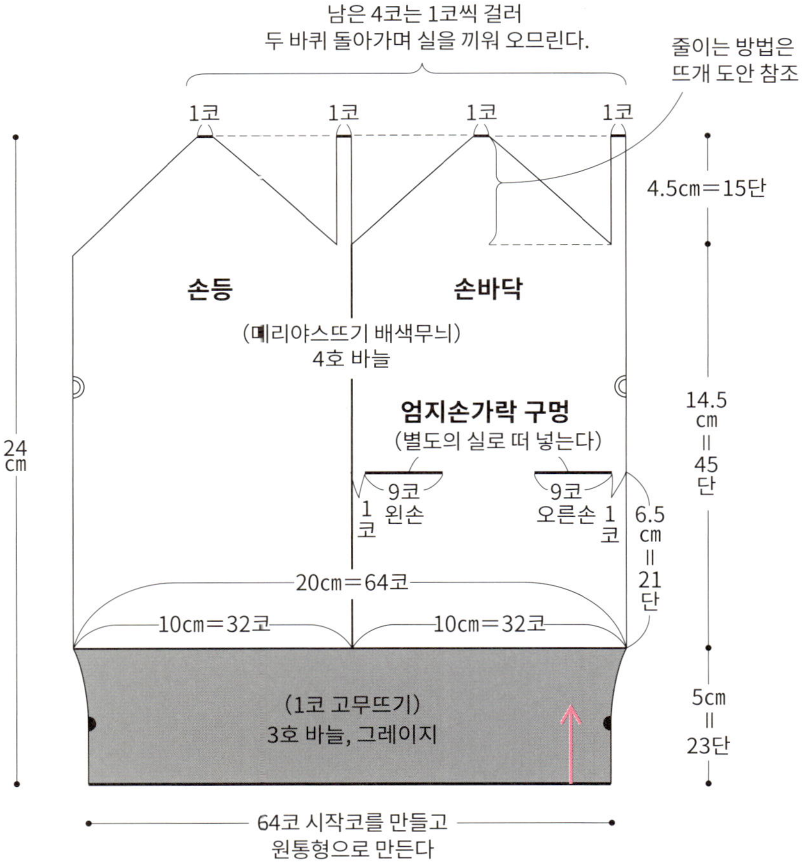

남은 4코는 1코씩 걸러
두 바퀴 돌아가며 실을 끼워 오므린다.

1코 1코 1코 1코

줄이는 방법은
뜨개 도안 참조

4.5cm=15단

손등   손바닥

(메리야스뜨기 배색무늬)
4호 바늘

엄지손가락 구멍
(별도의 실로 떠 넣는다)

9코   9코
1   오른손 1
코 왼손   코

14.5cm=45단

6.5cm=21단

20cm=64코
10cm=32코 10cm=32코

(1코 고무뜨기)
3호 바늘, 그레이지

24cm

5cm=23단

64코 시작코를 만들고
원통형으로 만든다

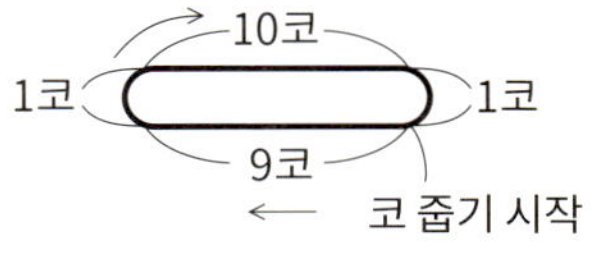

맞춤 표시.
이어서 원통형으로 뜬다

엄지손가락
(메리야스뜨기)
4호 바늘, 그레이지

남은 11코는 1코씩 걸러 두 바퀴
돌아가며 돗바늘로 실을 끼워 오므린다

6.5cm=23단

원통형   원통형

21코 줍는다

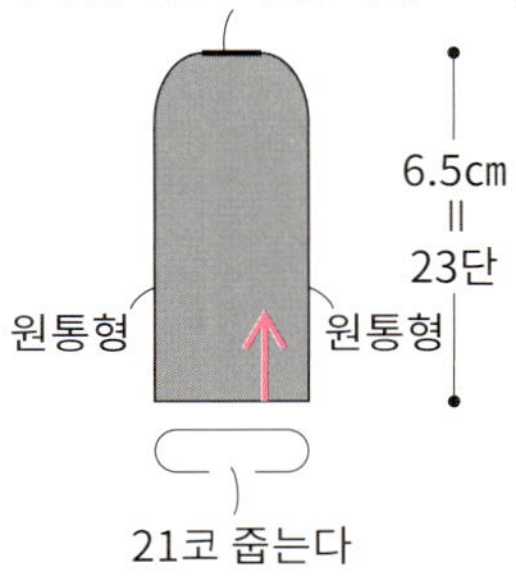

엄지손가락
코 줍는 방법

10코
1코   1코
9코
← 코 줍기 시작

손바닥과 손등 뜨개 도안

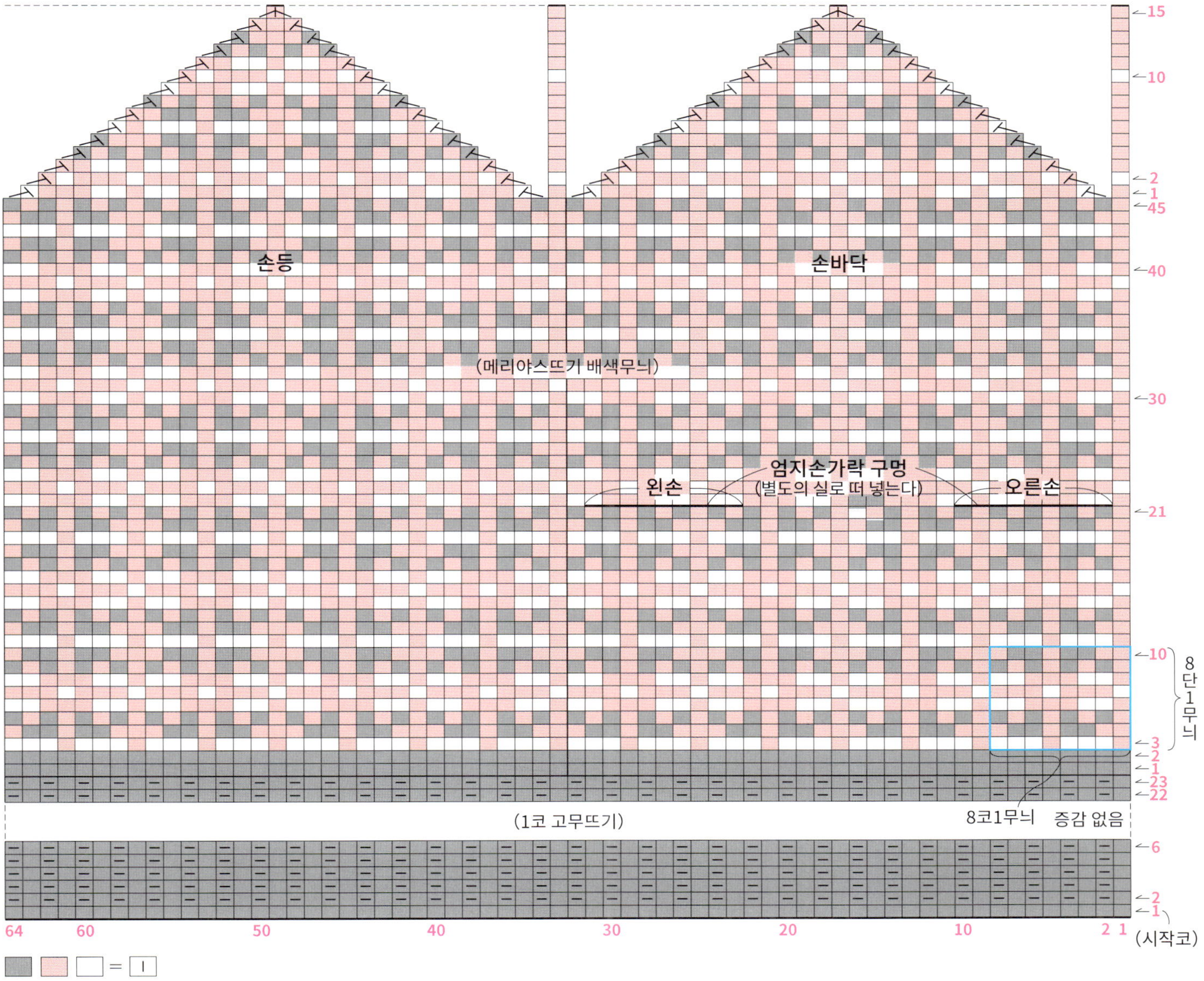

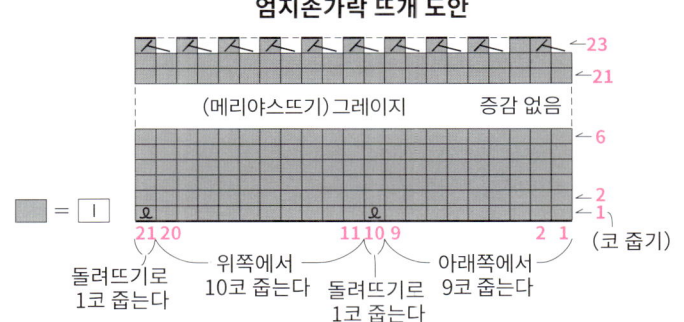

배색표

■	그레이지
■	버밀리언 오렌지
□	내추럴 화이트

엄지손가락 뜨개 도안

22. 스트레이트 × 루프 × 모헤어 숄 ⇒ p.32

완성 치수 폭 37 cm 길이 147 cm

실 ㅎ마나카 소노모노 알파카 울《병태사》
／브라운 (63) 190g
ㅎ마나카 소노모노 루프／아이보리 (51) 30g
ㅎ마나카 소노모노 헤어리／베이지 (122) 30g

바늘 하마나카 아미아미 8 호 (4.5mm), 12 호 (5.7mm)
막힘 대바늘 (2 개 세트)

게이지 무늬뜨기 A 19 코 × 22 단 = 가로세로 10 cm
메리야스뜨기 10 코 = 10 cm , 6 단 = 3 cm
무늬뜨기 B 22 코 × 26.5 단 = 가로세로 10 cm

뜨는 방법

실은 1 가닥으로 뜬다 . 지정한 실과 바늘로 뜬다 .

일반적인 시작코로 279 코를 만들어 무늬뜨기 A,
메리야스뜨기 , 무늬뜨기 B 로 뜨개 기호대로 뜨고
마지막은 겉뜨기로 덮어씌워 코막음한다 .

전체 도안

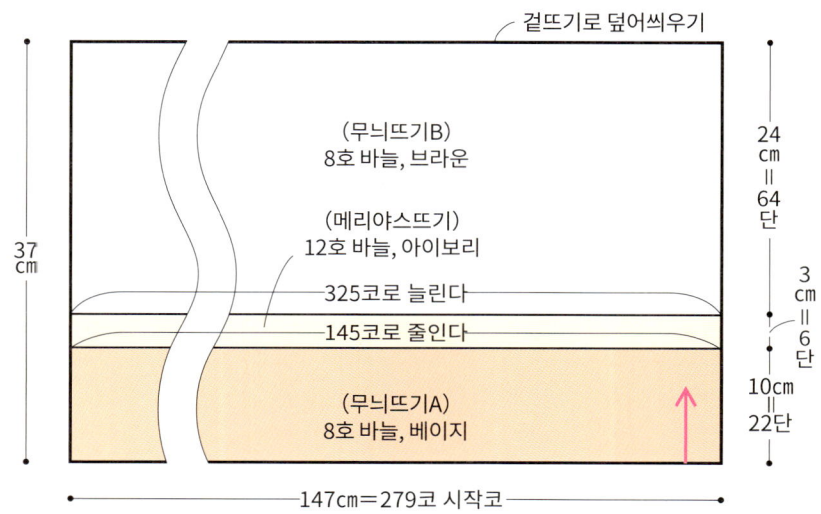

무늬뜨기A 뜨개 도안

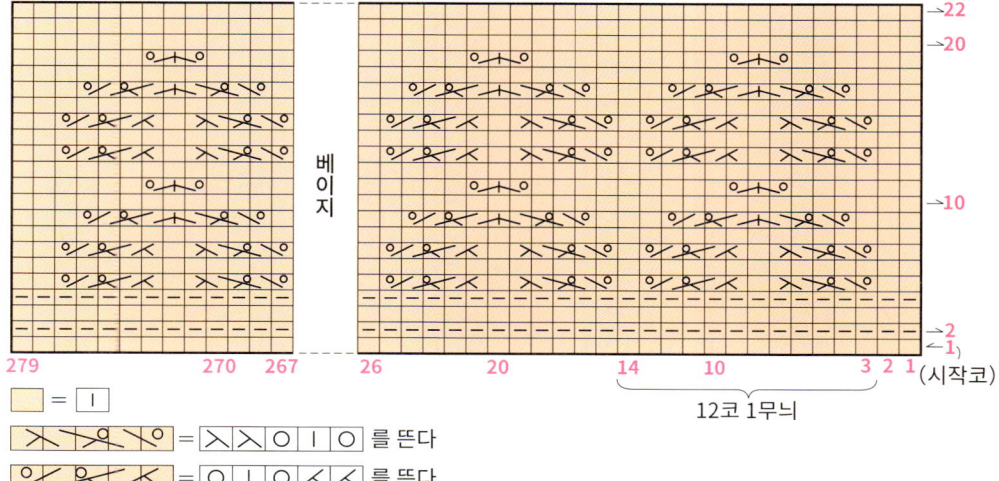

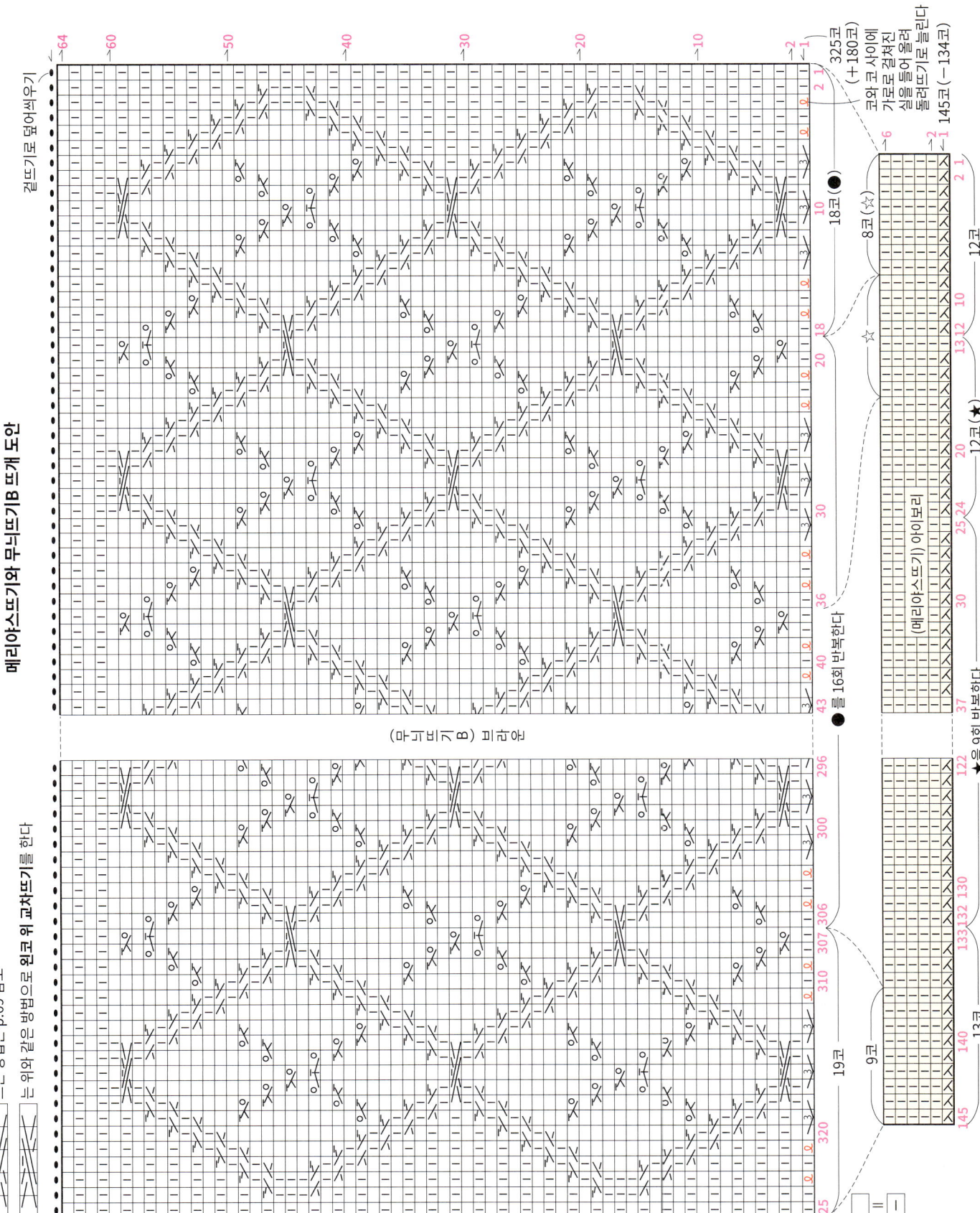

23. 모헤어 꽈배기 무늬 숄 ⇒ p.34

완성 치수 폭 34 cm 길이 157 cm
실 하마나카 프랑 / 아이보리 (201) 200g
바늘 하마나카 아미아미 7 호 (4.2mm)
　　　　막힘 대바늘 (2 개 세트)
게이지 무늬뜨기
　　　　26 코× 24.5 단 = 가로세로 10 cm

뜨는 방법

실은 1 가닥으로 뜬다. 모두 7 호 대바늘로 뜬다.

일반적인 시작코로 88 코를 만들어 무늬뜨기로 뜨개 도안대로 증감 없이 뜨고 마지막은 안쪽에서 앞 단과 같은 기호로 덮어씌워 코막음한다.

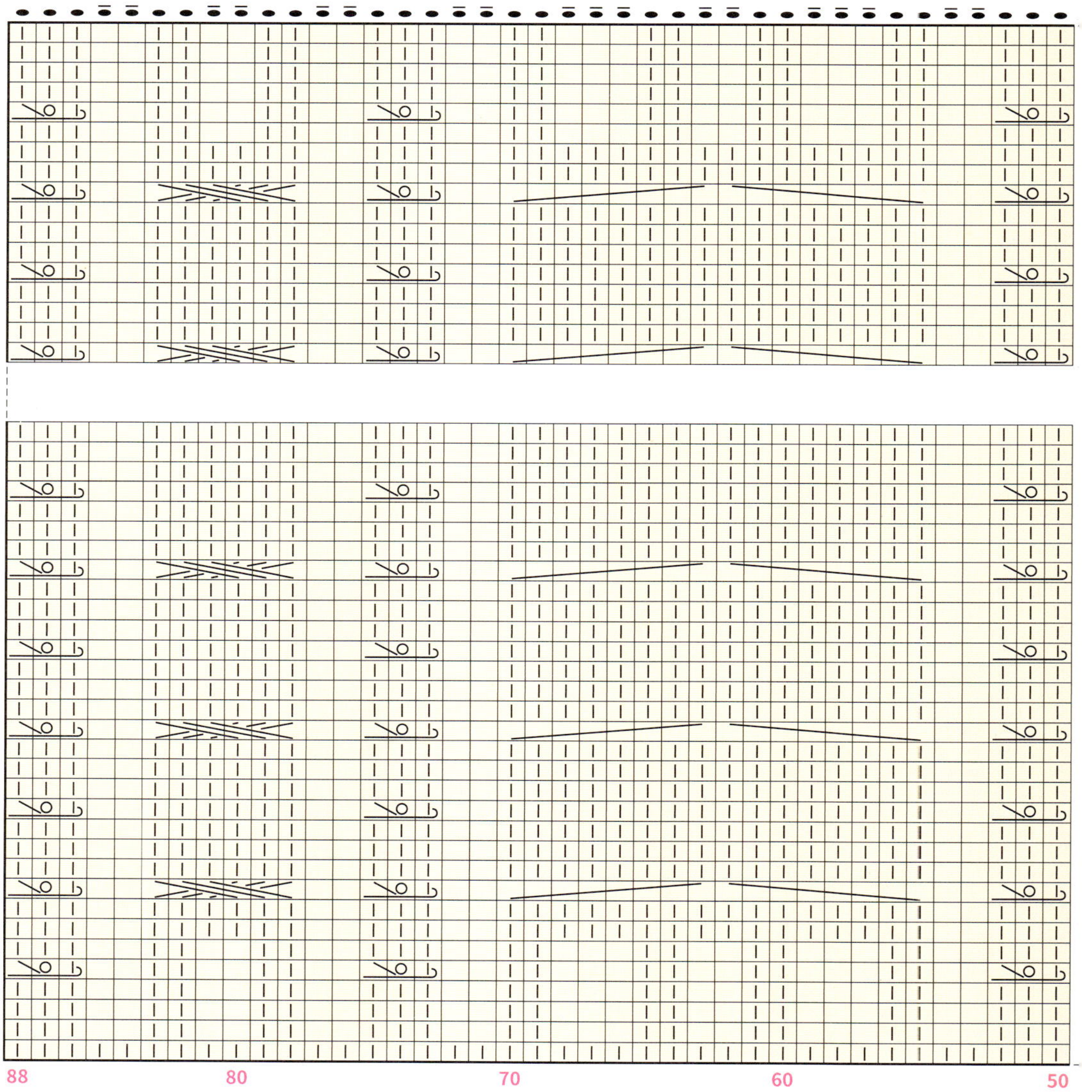

전체 도안

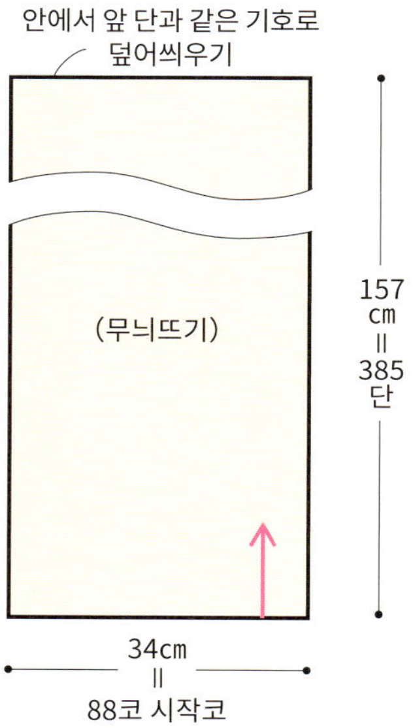

안에서 앞 단과 같은 기호로 덮어씌우기

(무늬뜨기)

157 cm = 385 단

34 cm = 88코 시작코

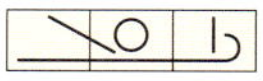

뜨는 방법은 p.93 참조

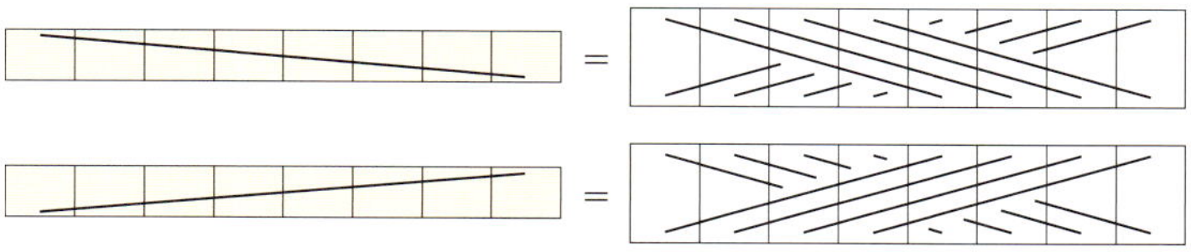

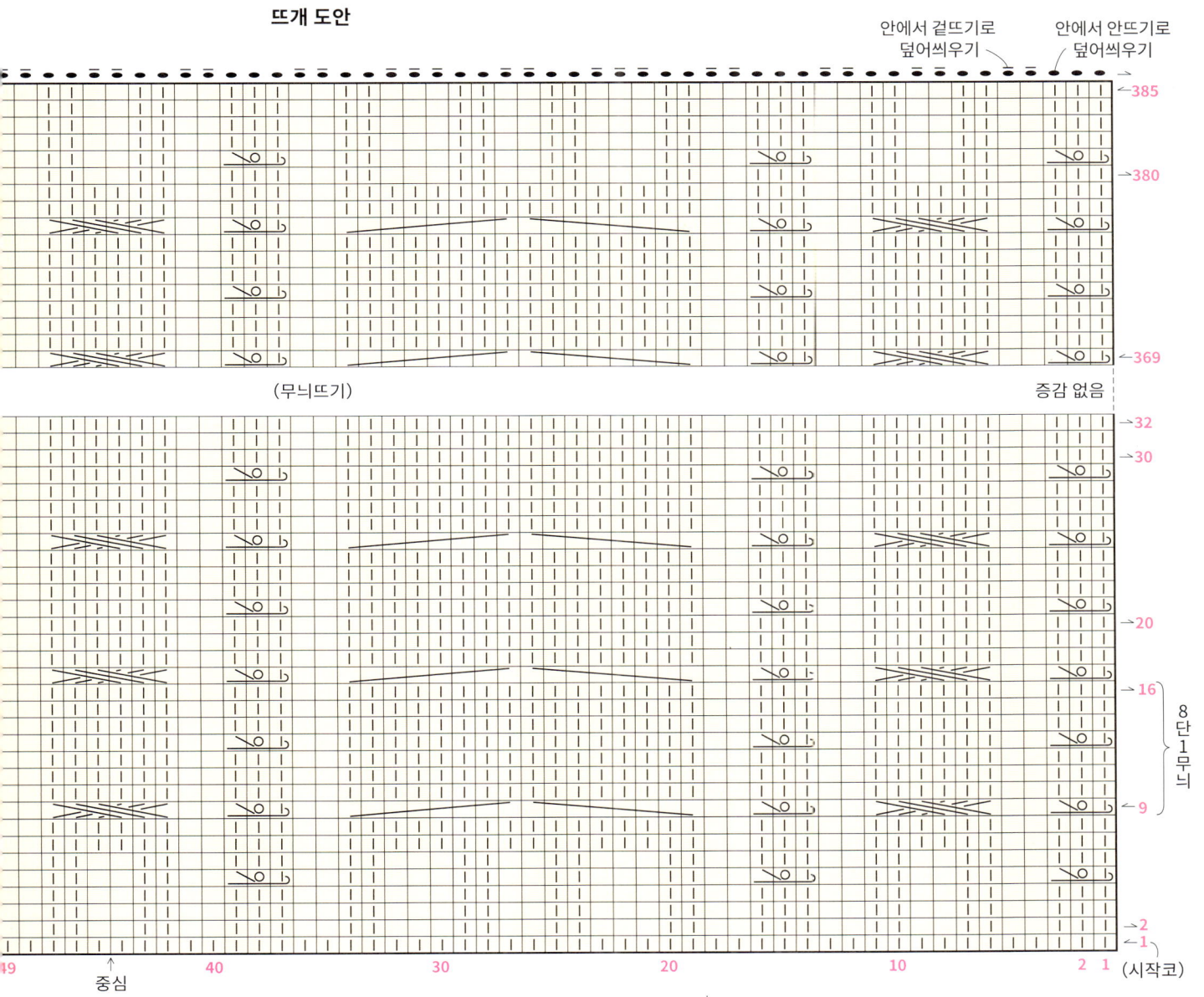

24. 퍼 토트백 ⇒ p.35

완성 치수 입구 너비 37.5cm 세로 16.5cm

실 하마나카 아란 트위드 / 블루(13) 60g
하마나카 메리노 울 퍼 / 화이트(1) 50g

바늘 하마나카 아미아미 8호(4.5mm), 7호(4.2mm)
대바늘(4개 세트)
라쿠라쿠 7/0호 양쪽 코바늘

기타 하마나카 크래프트 핸들・투명
(H210-216-1・가로 16.8cm×세로 11cm) 1 세트
하마나카 타원형 가죽 바닥・베이지
(H204-618-1・15cm×30cm) 1개

게이지 무늬뜨기 22.5코 = 10cm, 23단 = 9.5cm
안메리야스뜨기 17코 = 10cm, 20단 = 8.5cm

뜨는 방법

실은 1가닥으로 뜬다. 지정한 실과 바늘로 뜬다.

1… 바닥은 가죽 바닥의 70구멍에 짧은뜨기 72코를 떠 넣는다(아래의 사진 참조. 뜨개 도안은 p.81).
2… 본체와 가방 입구는 일반적인 시작코로 168코를 만들어 원통형으로 만든다. p.81의 뜨개 도안대로 무늬뜨기를 뜨고 126코로 줄여 안메리야스뜨기, 가터뜨기를 뜬 다음 마지막은 겉뜨기로 덮어씌워 코막음한다.
3… 시작코 쪽에 짧은뜨기 1단을 뜬다.
4… 마무리 방법을 참고하여 입구 부분을 안쪽으로 접어 공그르기한다.
5… 본체와 바닥을 한 코 감아 잇기(감침질)로 연결한다.
6… 손잡이(크래프트 핸들) 구멍에 짧은뜨기를 떠넣고 가방 입구에 꿰매 단다.

전체 도안

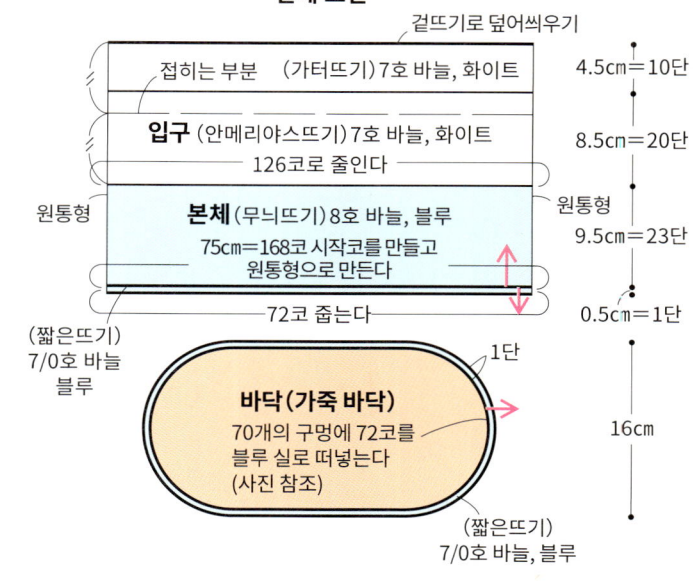

마무리 방법

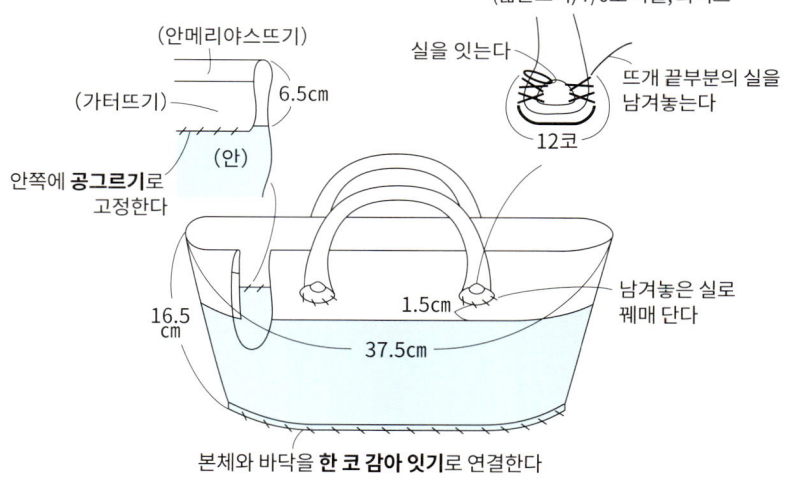

바닥 뜨는 방법
(가죽 바닥의 구멍에 떠넣는다)
※ 뜨개 도안은 p.81 참조

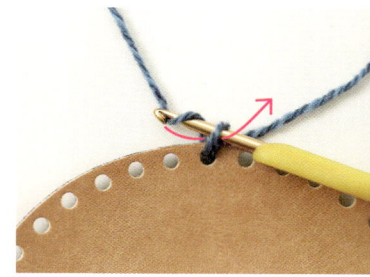

1 타원형 바닥을 준비하고, 코바늘을 타원형 바닥의 구멍에 넣어 실을 잇는다. (★이 뜨개 시작 위치)

2 1의 ★의 구멍에 코바늘을 넣고 실을 걸어 끌어낸다.

3 코바늘에 실을 걸어 끌어내고, 1 기둥코 사슬뜨기 1코를 뜬다.

본체와 가방 입구 뜨개 도안

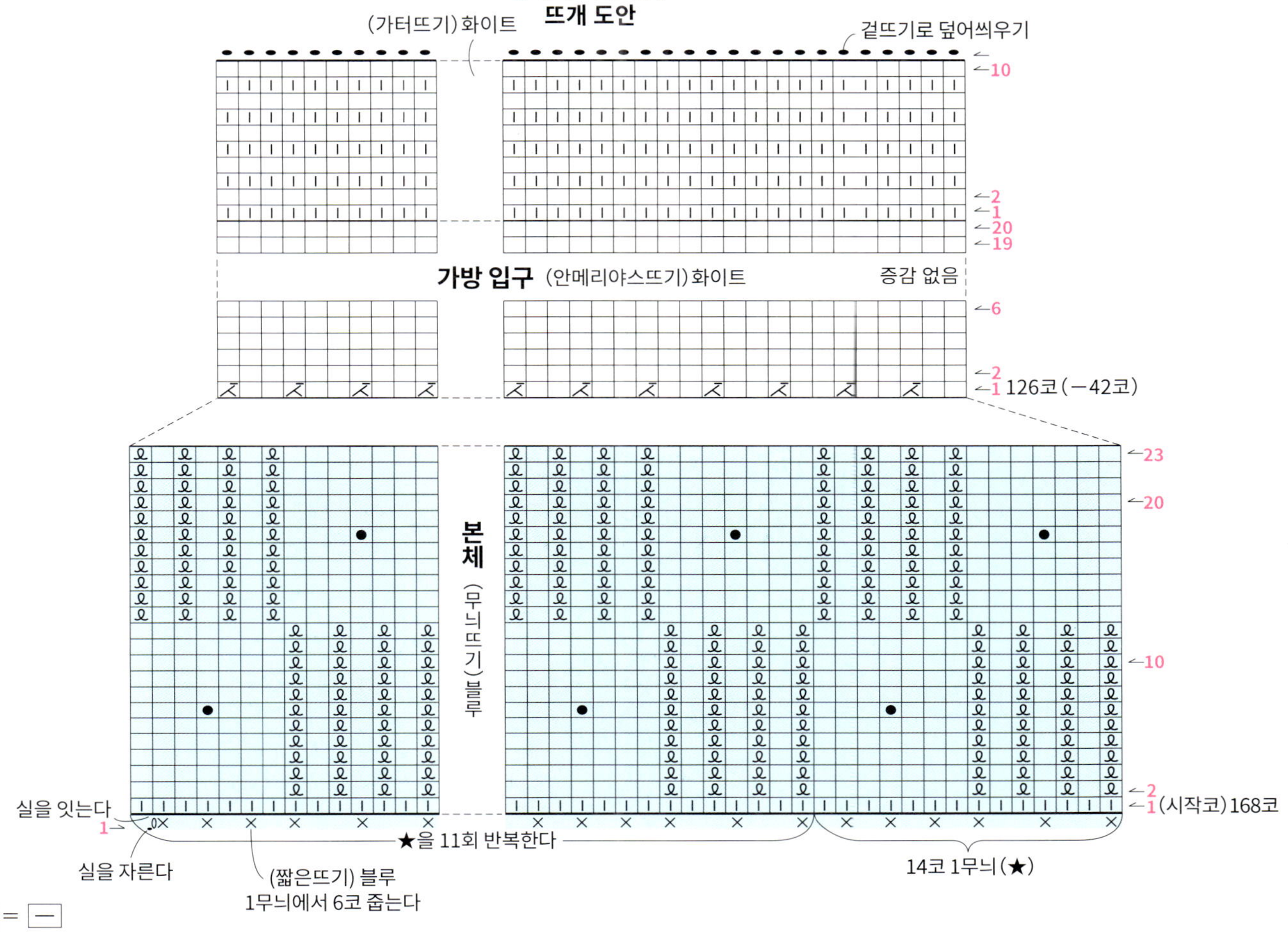

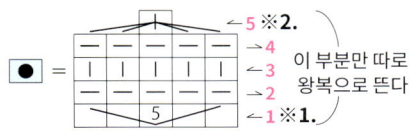

※1. 1단은 p.92의 **3코 만들기**(↗)의 방법으로
　　겉뜨기와 걸기코를 반복하여 1코에서 5코를 뜬다.

※2. 5단은 p.92의 **중심 3코 모아뜨기**(⋏)의 방법으로 3코를
　　오른쪽 바늘로 옮기고, 나머지 2코를 **왼코 겹쳐 2코 모아뜨기**(⋌)
　　로 뜬 다음 옮겨 놓은 3코로 덮어씌운다.

V = ∨ 짧은뜨기 2코를
　　　 떠넣는다

바닥 뜨는 방법

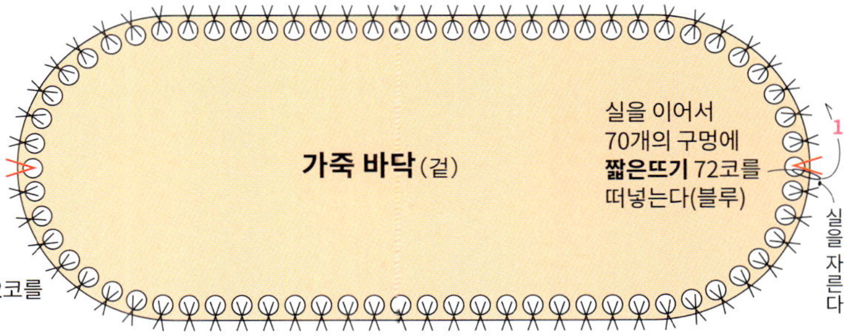

4 사슬뜨기를 1코 뜬 상태. 같은 구멍에
　　코바늘을 넣어 짧은뜨기를 2코 뜬다.

5 짧은뜨기 2코를 뜬 상태.

6 그 다음부터는 한 구멍에 1코씩 짧은뜨기를 뜬다
　　(뜨개 도안을 참고하여 한 군데에 다시 5와 같은 방
　　법으로 짧은뜨기를 2코 뜬다).

81

27. 아이보리 셰틀랜드 레이스 숄 ⇒ *p.38*

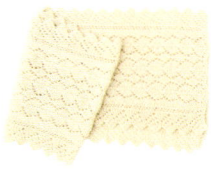

완성 치수 폭 (최대 폭) 34.5 cm 길이 142 cm
실 하마나카 소노모노《합터사》
/ 아이보리 (1) 180g
바늘 하마나카 아미아미 6 호 (3.9mm)
막힘 대바늘 (2 개 세트)
게이지 무늬뜨기 B
20 코× 28 단 = 가로세로 10 cm

뜨는 방법
실은 1 가닥으로 뜬다 .
모두 6 호 대바늘로 뜬다 .

일반적인 시작코로 61 코를 만들어 무늬뜨기 A, B, A′로 뜨개 도안대로 뜨고 마지막은 안쪽에서 겉뜨기로 덮어씌워 코막음 한다 .

전체 도안

=겉뜨기의 기운코
=안뜨기의 기운코
p.92 참조

※ 안뜨기의 기운코는 안쪽에서 뜨므로 실제 뜰 때는 겉뜨기의 기운코를 뜬다.

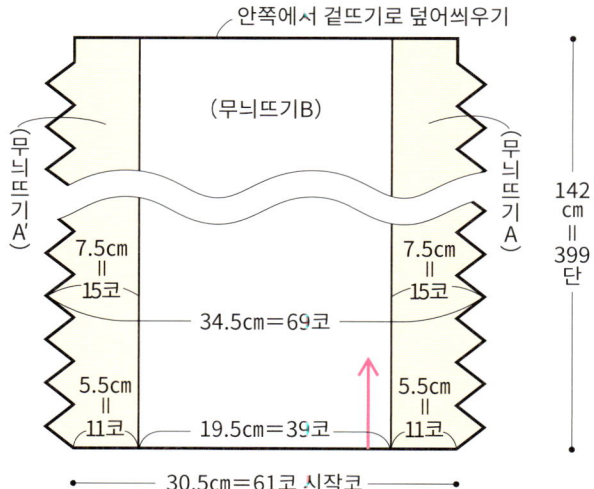

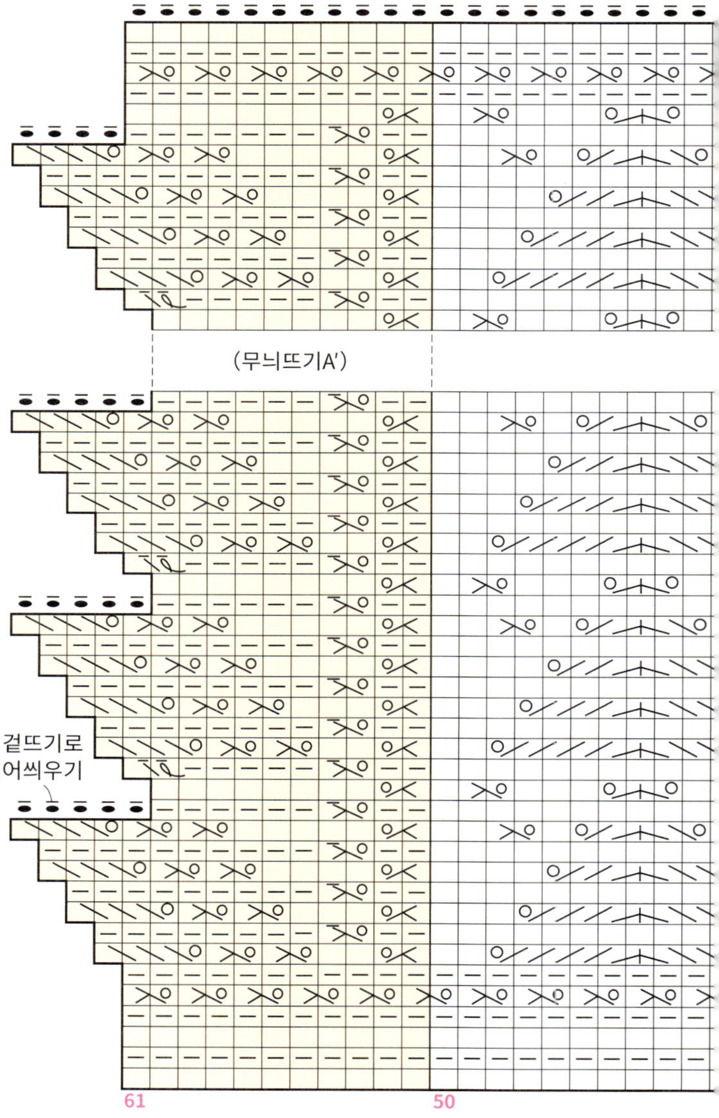

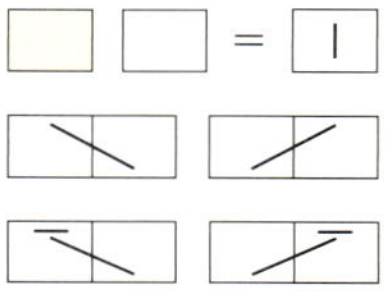

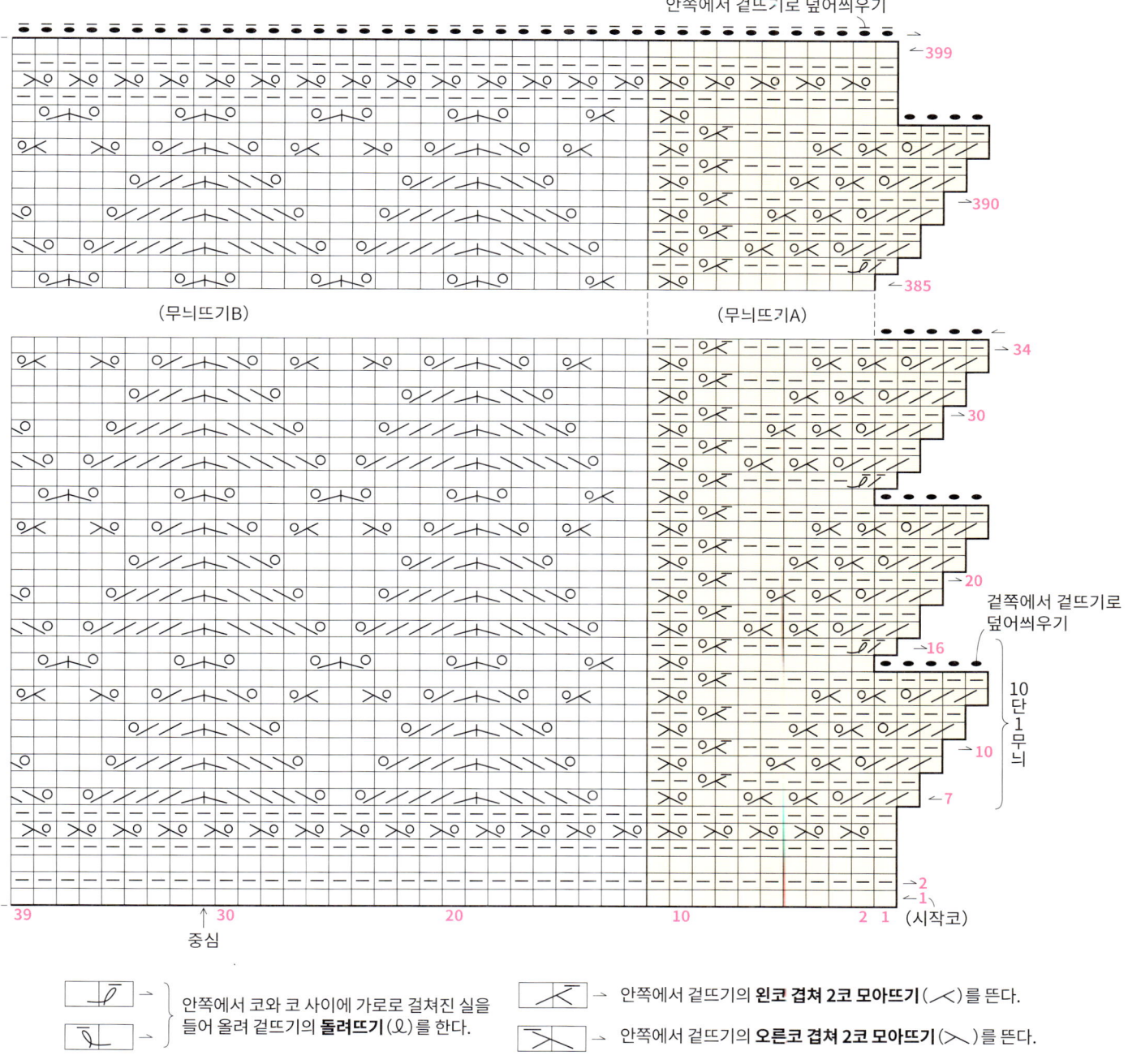

26. 아이보리 × 화이트 핸드워머 ⇒ p.37

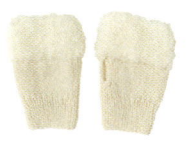

완성 치수 손바닥 둘레 19 cm 길이 15.5 cm

실 하마나카 소노모노 로얄 알파카 / 아이보리 (141) 20g
하마나카 메리노 울 퍼 / 화이트 (1) 15g

바늘 하마나카 아미아미 7 호 (4.2mm), 8 호 (4.5mm)
짧은 대바늘 (5 개 세트)

게이지 메리야스뜨기 24.5 코 =10 cm , 17 단 =5.5 cm
안메리야스뜨기 18 코 =10 cm , 12 단 =5.5 cm

뜨는 방법

실은 1 가닥으로 뜬다 . 지정한 실과 바늘로 뜬다 .

1··· 일반적인 시작코로 48 코를 만들어 원통형으로 만들고 1 코 고무뜨기를 뜨개 도안대로 16 단을 뜬다 .

2··· 이어서 1 코 고무뜨기와 메리야스뜨기로 뜬다 .
7 단은 p.90 의 교차 뜨는 방법의 사진과 같이 뜨개 시작 부분과 끝부분에서 교차를 시키고 8~16 단은 왕복뜨기로 떠서 엄지손가락 구멍을 만든다 .
17 단은 7 단과 같은 방법으로 교차시켜 원통뜨기를 한다 .

3··· 이어서 안메리야스뜨기를 뜬다 . 1 단에서 34 코로 줄이고 마지막은 안쪽에서 겉뜨기로 덮어씌워 코막음한다 .

4··· 같은 방법으로 2 개를 뜬다 .

전체 도안

뜨개 도안

※★ 뜨는 방법은 p.90 참조

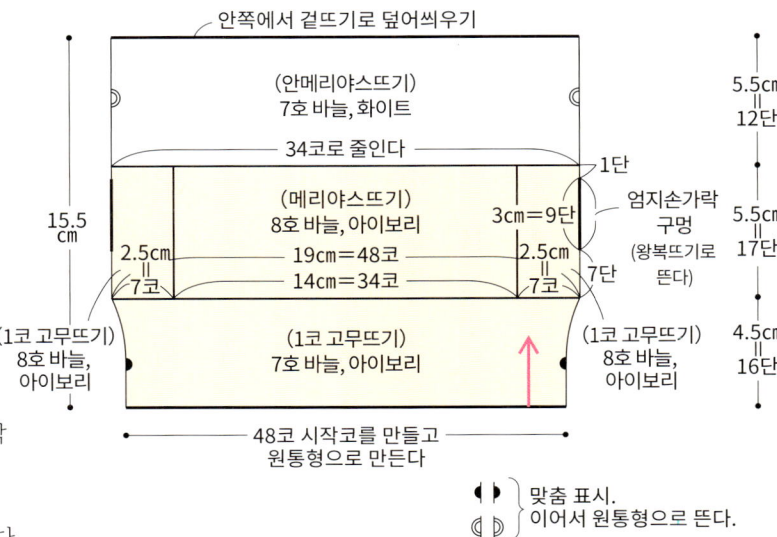

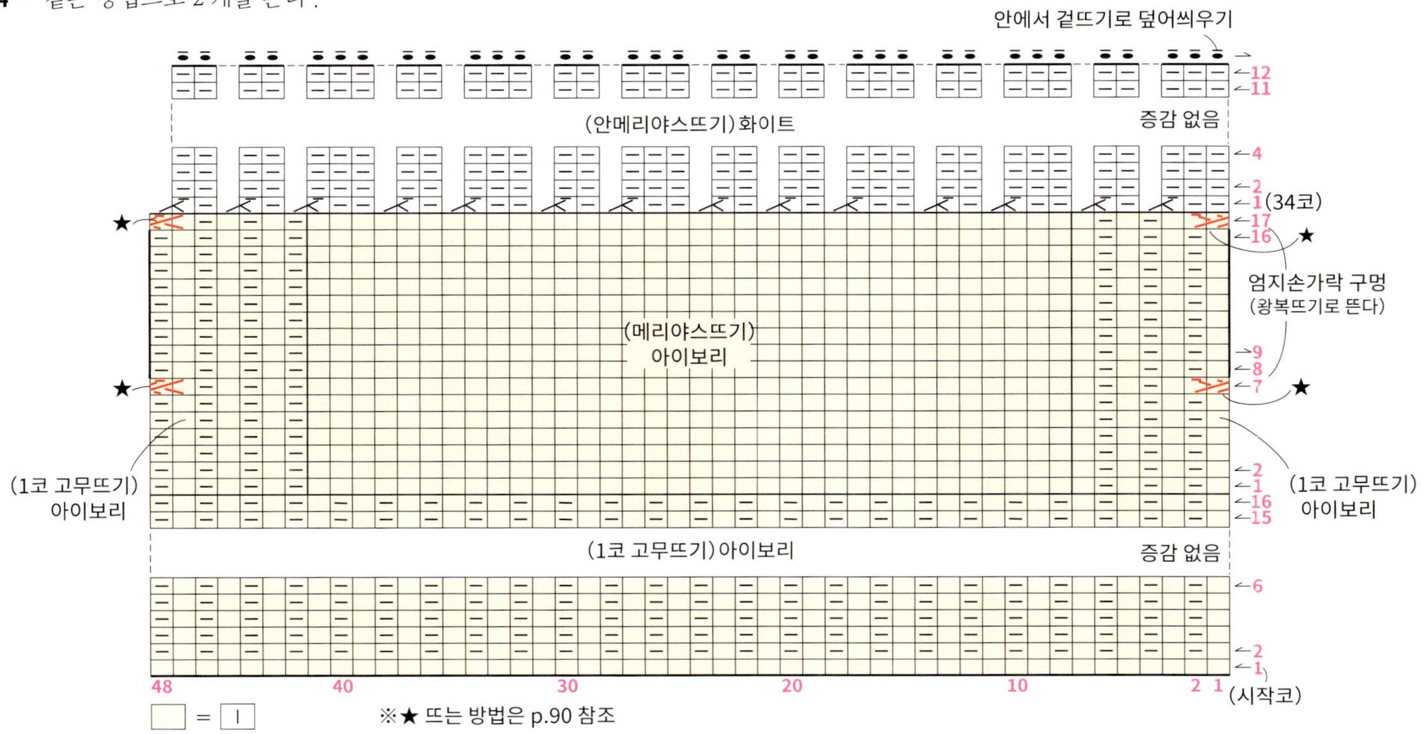

28. 복슬복슬 퍼 헤어밴드 ⇒ *p.40*

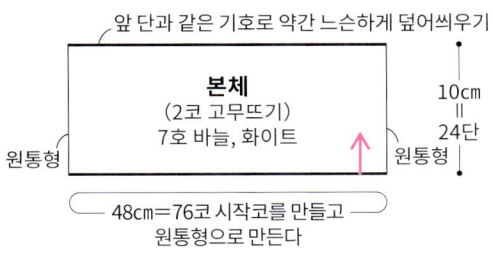

완성 치수 폭 10cm 둘레 48cm
실 하마나카 메리노 울 퍼 /
A 화이트 (1) 35g , 베이지 (2) 10g
B 화이트 (1) 35g , 그레이 (7) 10g
바늘 하마나카 아미아미
7 호 (4.2mm) 대바늘 (4 개 세트),
8 호 (4.5mm) 막힘 대바늘 (2 개 세트)
게이지 2 코 고무뜨기
16 코 × 24 단 = 가로세로 10cm

뜨는 방법
실은 1 가닥으로 뜬다 . 지정한 실과 바늘로 뜬다 .

1… 본체는 일반적인 시작코로 76 코를 만들어 원통형으로 만든다 . 2 코 고무뜨기로 뜨개 도안대로 증감 없이 뜨고 마지막은 앞 단과 같은 기호로 덮어씌워 코막음 한다 .
2… 리본은 일반적인 시작코로 9 코와 10 코를 각각의 실로 시작코를 만들어 p.94 의 「배색무늬뜨기 뜨는 방법」 의 세로로 실을 걸치는 방법으로 실을 교차시키며 가터뜨기와 무늬뜨기 (저절로 곡선이 된다) 를 뜨고 마지막은 안쪽에서 겉뜨기로 덮어씌워 코막음한다 .
3… 리본을 고정하는 띠도 일반적인 시작코를 만들어 메리야스뜨기로 뜨고 마지막은 겉뜨기로 덮어씌워 코막음한다 .
4… 마무리 방법을 참고하여 ①~③의 순서로 만든다 .

전체 도안

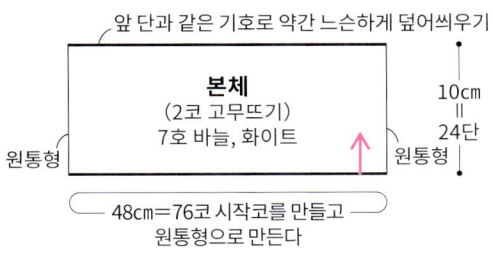

리본 8호 바늘

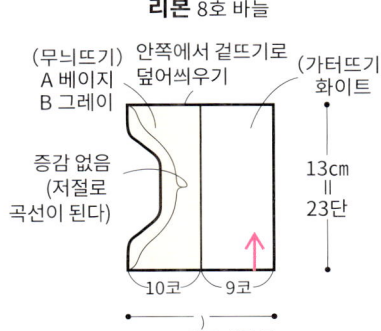

리본 띠
(메리야스뜨기)
8호 바늘

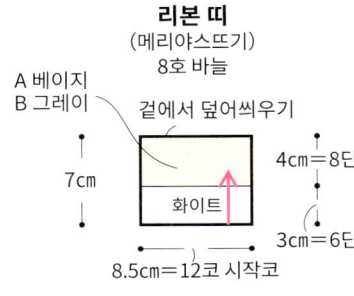

마무리 방법

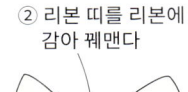
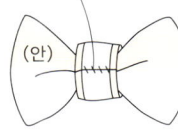
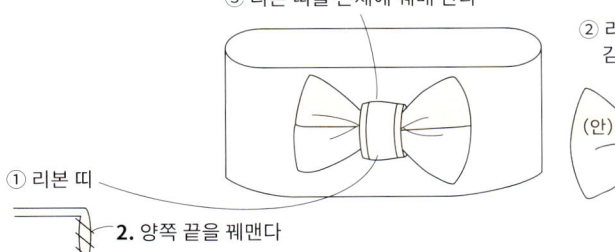

③ 리본 띠를 본체에 꿰매 단다
② 리본 띠를 리본에 감아 꿰맨다
① 리본 띠
2. 양쪽 끝을 꿰맨다
1. 양쪽 가장자리에 A 베이지, B 그레이가 보이도록 안끼리 맞대어 접는다.

본체 뜨개 도안

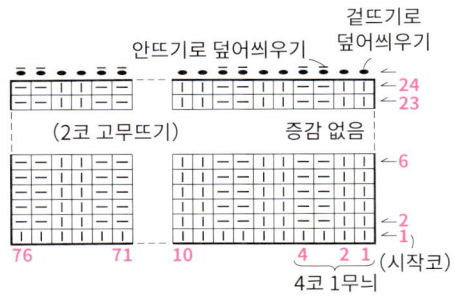

리본 띠 뜨개 도안

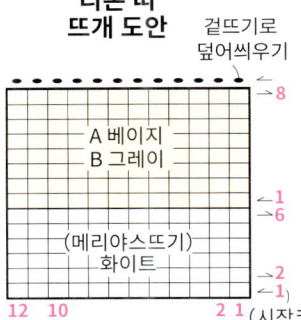

리본 뜨개 도안

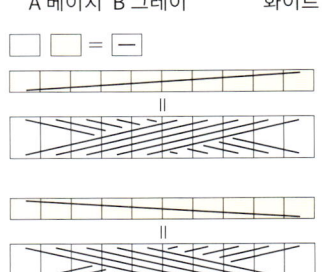

29. 복슬복슬 퍼 양말 ⇒ p.42

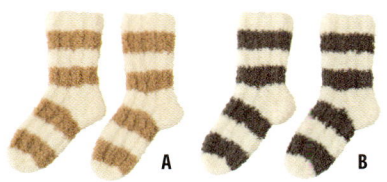

완성 치수 발 사이즈 230mm
실 하마나카 메리노 울 퍼 /
　　　A 화이트 (1) 55g, 베이지 (2) 40g
　　　B 화이트 (1) 55g, 그레이 (7) 40g
바늘 하마나카 아미아미 7 호 (4.2mm)
　　　짧은 대바늘 (5 개 세트)
　　　라쿠라쿠 6/0 호 양쪽 코바늘
　　　(덮어씌워 빼뜨기 잇기용)
게이지 2 코 고무뜨기 줄무늬
　　　17 코 × 25 단 = 가로세로 10 cm

뜨는 방법

실은 1 가닥으로 뜬다. 모두 7 호 대바늘을 사용하여 지정한 실로 뜬다.
2 와 **3** 은 p.87 사진 참조.

1… 치수와 뜨개 도안을 참고하여 발목은 일반적인 시작코로 36 코를 만들어 원통형으로 만들고 2 코 고무뜨기 줄무늬 (실은 자르지 않고 걸쳐가며 뜬다)로 45 단을 뜬다.

2… 발등 쪽 코를 쉬어두고 (★), 뒤꿈치를 가터뜨기로 왕복하며 18 단을 뜬 다음 9 코씩을 겉끼리 맞대어 덮어씌워 빼뜨기 잇기 한 후 실을 자른다.

3… 뒤꿈치 1 단의 오른쪽 가장자리에 실을 이어 양쪽에서 9 코씩과 발목의 쉼코 (★)에서 코를 주워 원통형으로 만들고 (모두 36 코), 발바닥과 발등을 2 코 고무뜨기 줄무늬로 35 단을 뜬다.

4… 이어서 발끝을 메리야스뜨기로 코를 줄이면서 뜨고 남은 16 코에 돗바늘로 실을 끼워 오므린다.

5… 같은 방법으로 2 개를 뜬다.

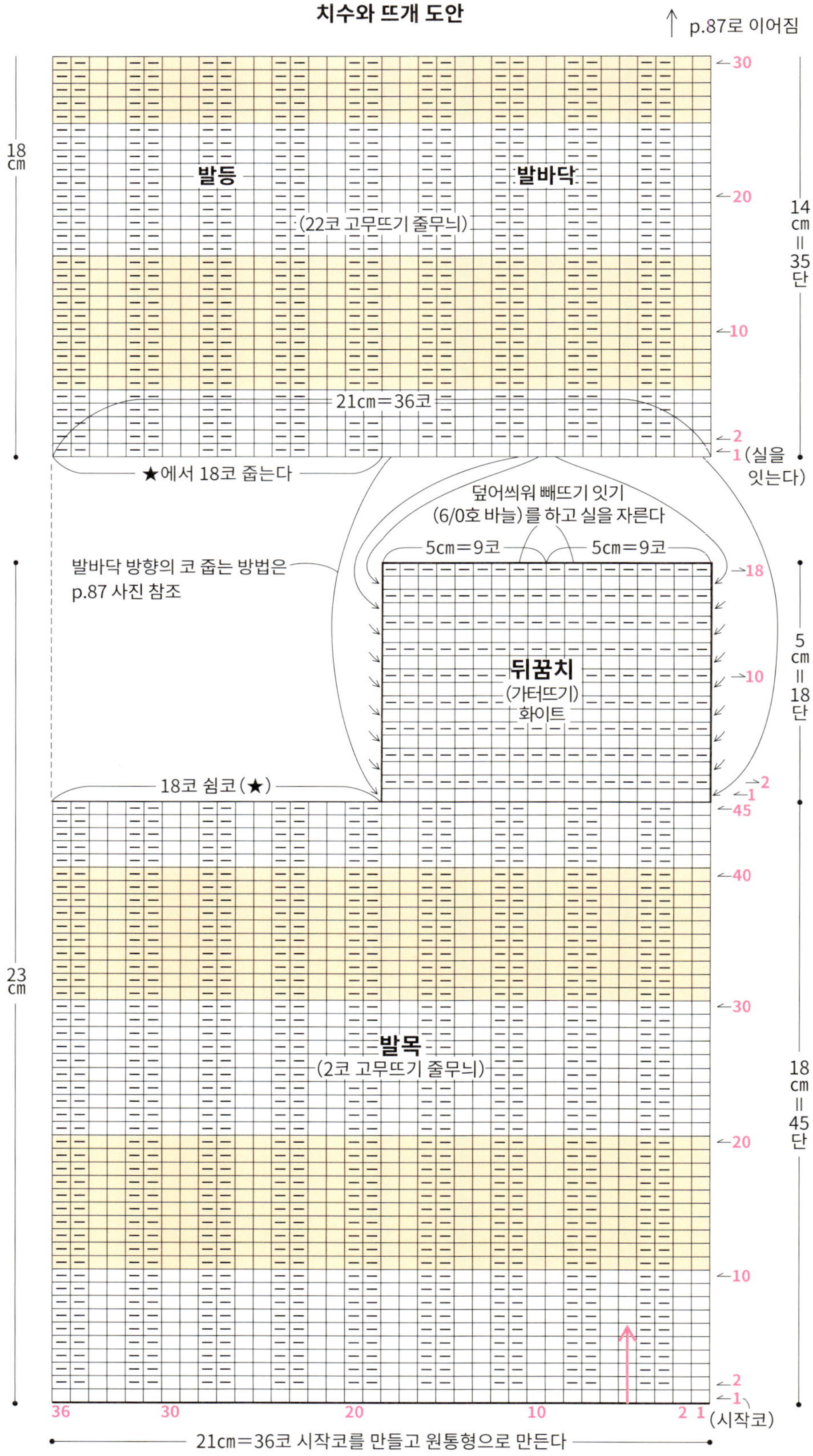

배색표

	A	B
□	화이트	화이트
▨	베이지	그레이

□ ▨ = |

치수와 뜨개 도안

↑ p.87로 이어짐

발등　　　**발바닥**
(22코 고무뜨기 줄무늬)

21cm = 36코

18cm

14cm = 35단

★에서 18코 줍는다

(실을 잇는다)

덮어씌워 빼뜨기 잇기
(6/0호 바늘)를 하고 실을 자른다

5cm = 9코　　　5cm = 9코

뒤꿈치
(가터뜨기)
화이트

발바닥 방향의 코 줍는 방법은
p.87 사진 참조

5cm = 18단

18코 쉼코 (★)

발목
(2코 고무뜨기 줄무늬)

23cm

18cm = 45단

21cm = 36코 시작코를 만들고 원통형으로 만든다

(시작코)

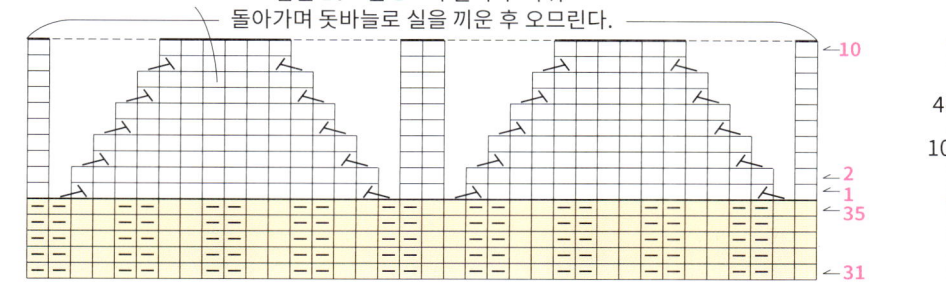

발끝 (메리야스뜨기) 화이트
p.86에 이어서
남은 16코는 1코씩 걸러 두 바퀴 돌아가며 돗바늘로 실을 끼운 후 오므린다.

4cm = 10단

※ 참고 사항 및 배색표는 p.86 참조

「뒤꿈치」와 「발바닥, 발등의 코 줍는 방법(1단)」
※ 알아보기 쉽도록 다른 색 실로 떴습니다.

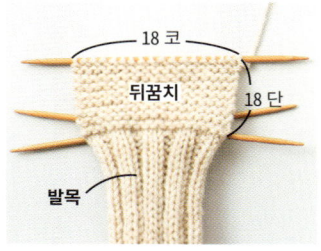

전체 도안

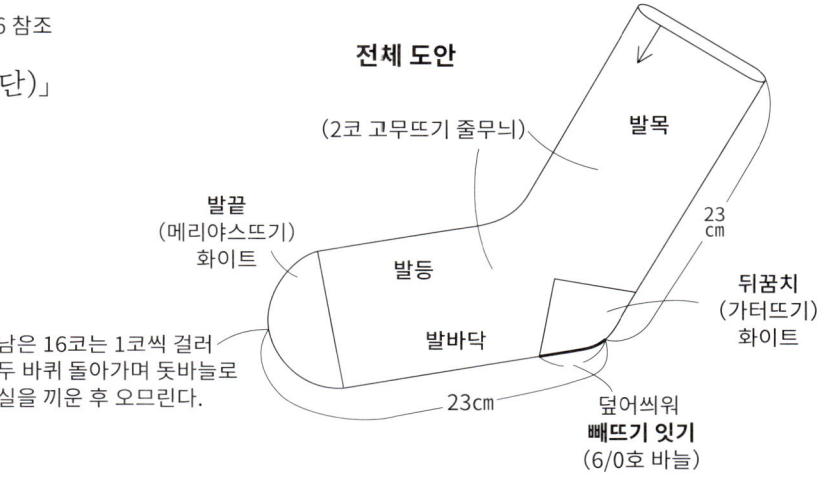

(2코 고무뜨기 줄무늬) 발목
발끝 (메리야스뜨기) 화이트
발등
발바닥
뒤꿈치 (가터뜨기) 화이트
23cm
23cm
남은 16코는 1코씩 걸러 두 바퀴 돌아가며 돗바늘로 실을 끼운 후 오므린다.
덮어씌워 빼뜨기 잇기 (6/0호 바늘)

1 발목을 뜬 다음 뒤꿈치를 가터뜨기로 뜬다. p.86의 뜨개 도안대로 발목 콧수의 반인 18코로 단마다 편물의 방향을 바꿔가며 왕복으로 18단을 뜬다.

2 1의 18코를 9코씩 나눠(바늘 2개에 나눈다) 겉끼리 맞대 덮어씌워 빼뜨기 잇기를 하고 실 끝을 10cm 정도 남겨놓고 실을 자른다.

3 뒤꿈치를 겉쪽으로 뒤집는다. 뒤꿈치 완성.

4 발바닥, 발등을 뜬다. 뒤꿈치 오른쪽 가장자리의 1단 첫째 코와 둘째 코 사이에 바늘을 넣고 실을 걸어 끌어낸다.

5 겉뜨기가 되어 1코 주운 상태.

6 같은 방법으로 3단, 5단과 같은 홀수 단에 바늘을 넣어 오른쪽부터 9코를 줍는다.

7 뒤꿈치의 왼쪽 가장자리도 같은 방법으로 9코를 줍는다.

8 발목에서 쉬어둔 18코는 발목과 동일하게 2코 고무뜨기를 뜬다. 1단을 뜬 상태.

9 2단부터는 2코 고무뜨기 줄무늬를 뜬다.

p.4 … **후드 머플러**

머플러의 가운데 부분 88단과 후드를 빼뜨기 꿰매기로 연결한다 (뜨는 방법 p.44)

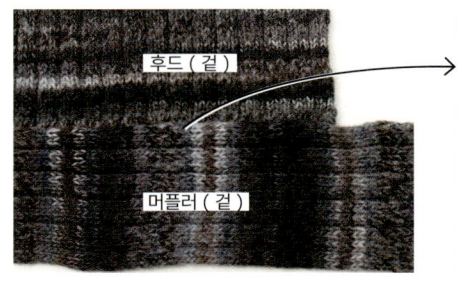

1 머플러의 가운데 부분 88단과 후드의 시작코를 겉끼리 맞대고 시침핀으로 균등하게 고정시킨다. p.95의 「빼뜨기 꿰매기의 방법」으로 후드는 1단에, 머플러는 가장자리에서 첫째 코와 둘째 코 사이에 바늘을 넣어 빼뜨기로 꿰매 연결한다 (편물이 수축되지 않도록 주의).

2 후드를 겉쪽을 뒤집는다.
빼뜨기 꿰매기를 완성한 모습.
머플러는 가장자리의 첫째 코가 편물의 안쪽이 되고 둘째 코의 가장자리에 후드가 달린 상태가 된다.

p.7 … **프린지 머플러**

프린지 다는 방법 (뜨는 방법 p.45)

1 25㎝길이로 실 4가닥을 잘라 반으로 접는다. 프린지 다는 위치에서 코바늘을 앞으로 찔러 넣는다. 반으로 접힌 부분을 코바늘에 걸어 조금 끌어당겨 고리를 만든다.

2 고리 안으로 실 끝을 통과시켜 잡아당겨 빼낸 후 조인다.

3 프린지가 달린 모습.

p.18 … **니트 숄더 백**

손잡이에 대해서 (뜨는 방법 p.56)

p.56의 마무리 방법 ③의 본체 모서리 접히는 부분에 떠 넣는다.

편물 겉쪽에서 안쪽으로 접은 부분 2장에 대바늘을 넣고 실을 걸어 겉뜨기를 뜬다. 접히는 부분의 중심에 시침핀으로 표시를 해놓으면 균등하게 코를 주울 수 있으므로 접히는 부분의 조금 아래쪽이나 코와 코 사이에 시침핀을 넣어 꽂는다.

p.10 ···머플러 모자
브레이드 뜨는 방법 (뜨는 방법 p.50)

1 블랙 실로 일반적인 시작코로 112코를 만들어 원통형으로 만든다(1단이 된다). 2단은 레몬 옐로 실과 1코씩 번갈아가며 겉뜨기로 배색뜨기를 하고 실을 편물의 앞쪽으로 놓는다.

2 3단. 안뜨기 뜨는 방법으로 오른쪽 바늘을 넣고 오른쪽 바늘에 레몬 옐로 실 위쪽으로 블랙 실을 걸어 안뜨기한다.

3 안뜨기를 떠서 블랙 실이 편물의 앞쪽에 걸쳐졌다.

4 다음은 안뜨기 뜨는 방법으로 오른쪽 바늘을 넣고 오른쪽 바늘에 블랙 실 위로 레몬 옐로 실을 걸어 안뜨기한다.

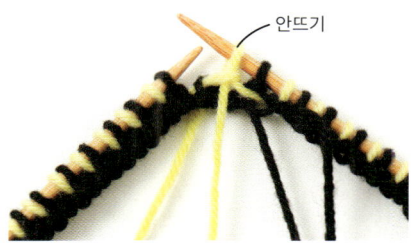

5 안뜨기를 떠서 레몬 옐로 실이 편물의 앞쪽에 걸쳐졌다.

6 2~5를 반복한다(실 2가닥이 서로 얽히므로 엉킨 실을 풀어주면서 뜬다).

7 4단. 안뜨기 뜨는 방법으로 오른쪽 바늘을 넣고 오른쪽 바늘에 레몬 옐로 실 아래쪽으로 블랙 실을 걸어 안뜨기한다.

8 안뜨기를 떠서 블랙 실이 편물의 앞쪽에 걸쳐졌다.

9 다음은 안뜨기 뜨는 방법으로 오른쪽 바늘을 넣고 오른쪽 바늘에 블랙 실 아래로 레몬 옐로 실을 걸어 안뜨기한다.

10 안뜨기를 떠서 레몬 옐로 실이 편물의 앞쪽에 걸쳐졌다.

11 7~10을 반복한다(실 2가닥이 서로 얽히므로 엉킨 실을 풀어주면서 뜬다).

실제 작품. 3~4단에서 편물의 앞쪽에 걸쳐진 실이 브레이드 무늬가 된다.

p.21 … 단색 무늬 숄
태슬 만드는 방법 (뜨는 방법 p.60)

 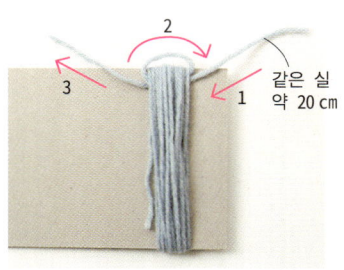  

1 10㎝ 너비의 두꺼운 종이에 실을 20회 감고 실을 자른다

2 같은 실을 20㎝ 정도 잘라 두꺼운 종이에 감은 실 고리 안으로 넣어 한 바퀴 감는다.

3 다시 한 바퀴 감아 위에서 2회 단단히 묶는다.

4 1에서 감은 실을 두꺼운 종이에서 빼낸다.

  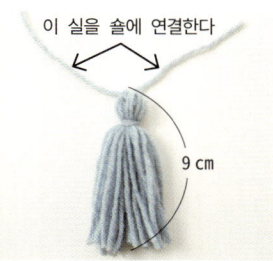

5 다시 같은 실을 약 20㎝ 정도 잘라 위로부터 1.5㎝ 아래 우치에서 두 바퀴 감고, 3과 같은 방법으로 2회 묶는다.

6 5에서 묶은 실 끝을 돗바늘에 꿰어 두 바퀴 감은 실 안쪽으로 넣는다.

7 고리 아랫부분을 자르고, 지정한 길이로 잘라 정돈한다. 태슬 완성(3에서 묶은 실은 숄에 통과시켜 묶고, 6과 같은 방법으로 태슬 안쪽으로 넣는다).

p.37 … 아이보리 × 화이트 핸드 워머
※ 단의 시작 부분과 끝부분의 교차는 미리 코의 위치를 바꾼 다음 각각 뜬다.

교차 뜨는 방법 (뜨는 방법 p.84)

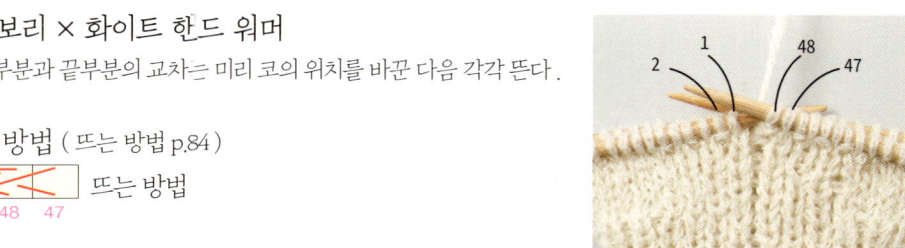

뜨는 방법

1 단의 시작 부분 2코(1, 2코)와 끝부분의 2코(47, 48코)를 별도의 바늘에 옮긴다.

2 화살표처럼 오른쪽 바늘에 1, 2코, 왼쪽 바늘에 47, 48코를 건다 (오른쪽 바늘은 왼쪽 바늘의 앞).

   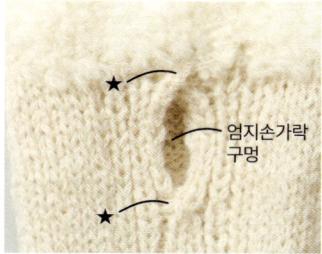

3 코의 위치가 바뀌었다. 아직 뜨지 않았지만 '왼코 위 교차뜨기' 상태가 된다.

4 왼쪽 바늘의 2코(단의 시작 부분에서 47, 48코)를 겉뜨기, 안뜨기로 뜨고 이어서 셋째 코부터 떠나간다.

5 단의 끝부분 2코(1, 2코)를 겉뜨기, 안뜨기로 뜬다. 교차시켜 단을 뜬 모습.

실제 작품. 교차뜨기는 엄지 손가락 구멍 위, 아래 두 군데(★)에서 뜬다.

대바늘뜨기 기초

《전체 도안 숫자 보는 법》

대바늘뜨기의 전체 도안에는 아래의 그림처럼 진동둘레와 목둘레에 줄임코를 계산한 숫자가 적혀있습니다. 숫자의 의미는 아래와 같습니다.

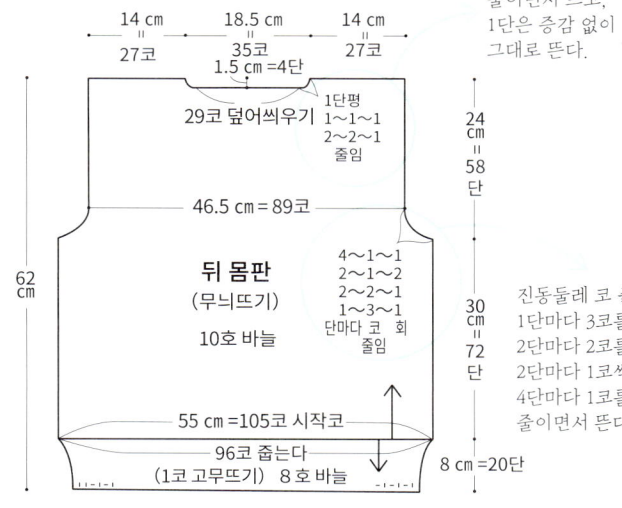

《뜨개 도안 보는 법》

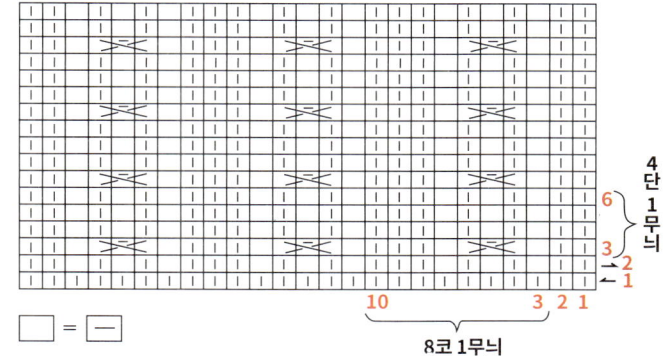

뜨개 도안은 편물을 겉쪽에서 본 모습입니다.
아래쪽 가로 방향은 콧수, 오른쪽 세로 방향은 단수이며, 오른쪽 아래의 모서리가 1단의 첫째 코가 됩니다.
1단과 2단의 화살표「←」는 뜨는 방향입니다. 오른쪽에서 왼쪽으로 떠나가므로 2단(→)은 편물의 방향을 바꿔 안쪽을 보면서 뜨고, 뜨개 도안은 왼쪽에서 오른쪽으로 떠나갑니다 (이때 겉뜨기는 안뜨기로, 안뜨기는 겉뜨기로 뜨면 뜨개 도안대로 됩니다).

《시작코》 일반적인 시작코

1

실 끝 쪽 (편물 너비의 3.5배 + 꿰맬 길이)
실을 왼손 엄지와 검지에 걸고, 바늘을 화살표처럼 넣는다.

2

검지의 실을 바늘에 걸어 엄지 쪽의 고리 안으로 끌어낸다.

3

엄지에 걸려 있는 실을 빼낸다.

4

실 끝 쪽의 실을 엄지에 걸어 잡아당긴다. 이것이 1코가 된다.

5

엄지에 걸려 있는 실을 화살표처럼 들어올린다.

6

검지에 걸려 있는 실을 바늘에 걸어 엄지의 실 고리 안으로 끌어낸다.

7
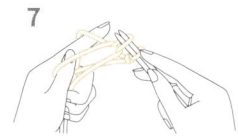
엄지의 실을 빼낸다.

8

엄지에 실을 걸어 살짝 당겨 조인다. 이것이 둘째 코가 된다. 5~8을 반복하여 필요한 콧수를 만든다.

9
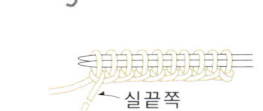
실 끝 쪽
완성. 이것을 1단으로 센다.
바늘 1개를 빼서 빼낸 바늘로 뜨기 시작한다.

풀어내는 시작코

1
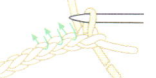
실 끝 쪽
별도의 실로 필요한 콧수만큼 사슬뜨기를 뜨고, 사슬뜨기의 뒷산에 바늘을 넣어 실을 끌어낸다.

2
1을 반복하여 필요한 콧수만큼 줍는다 (1단이 된다).

3

1단을 뜬 상태.

4
시작코인 사슬코를 풀어내면서 코를 대바늘에 건다.

《코 늘리는 방법》 코와 코 사이에서 1코 늘리는 방법

코와 코 사이의 실을 꼬아서 늘립니다.

1

2

3
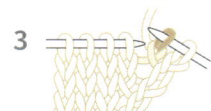

오른쪽 끝 코를 겉뜨기로 뜨고, 첫째 코와 둘째 코 사이에 가로로 걸쳐진 실을 오른쪽 바늘로 들어올려 돌려뜨기한다.

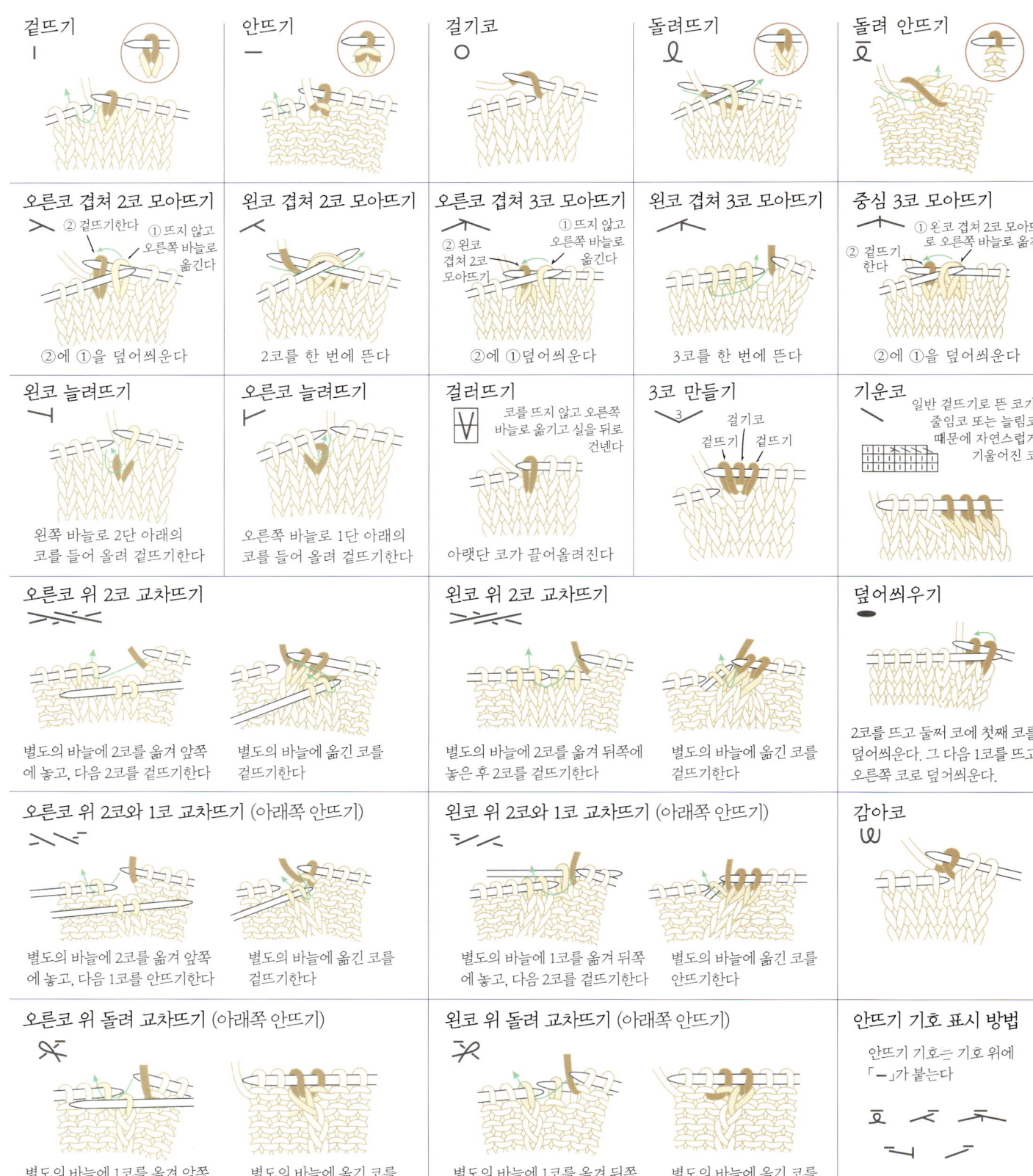

⊻⚬⟩ 뜨는 방법

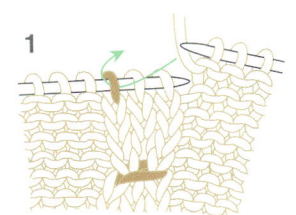
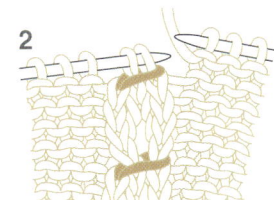

1. 오른쪽 바늘로 화살표처럼 코를 들어 올려 오른쪽 끝 2코에 덮어씌운다.

3. 겉뜨기, 걸기코, 겉뜨기 순서로 뜬다.

《▽ 뜨는 방법》 (가장자리에서 2코 이상 줄여 완만한 곡선으로 코 줄이는 방법) ※ ▽도 동일하다

오른쪽 끝에서 줄일 경우

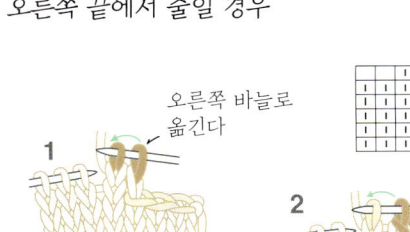
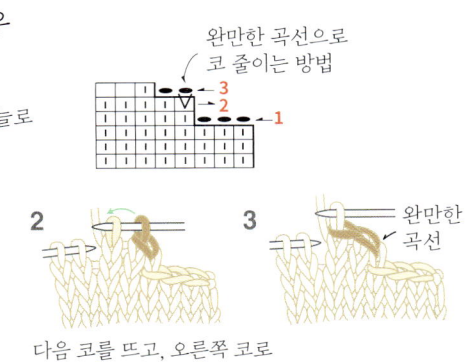

1. 3단. 첫째 코는 뜨지 않고 오른쪽 바늘로 옮기고 둘째 코를 뜬 다음 오른쪽 코로 덮어씌운다.
2. 다음 코를 뜨고, 오른쪽 코로 덮어씌운다.
3. 완만한 곡선

왼쪽 끝에서 줄일 경우

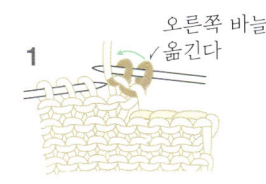

1. 4단. 첫째 코는 뜨지 않고 오른쪽 바늘로 옮기고, 둘째 코를 뜬 다음 오른쪽 코로 덮어씌운다.
2. 「오른쪽 끝에서 줄일 경우」의 2와 같은 방법으로 다음 코를 뜨고, 오른쪽 코로 덮어씌운다.

《손모아 장갑의 기초》

시작코를 원통형으로 만드는 방법

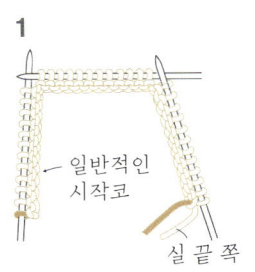
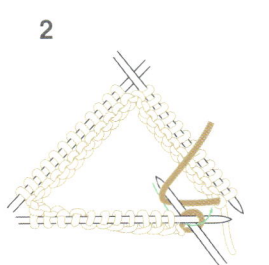

1. 대바늘 1개로 필요한 콧수만큼 시작코를 만든 후 대바늘 3개에 코를 나눈다. (일반적인 시작코 / 실 끝 쪽)
2. 나머지 대바늘로 첫째 코를 뜨고 원통형으로 떠나간다. *꼬이지 않도록 주의한다.

별도의 실로 떠 넣는 방법 (그림은 6코의 경우)

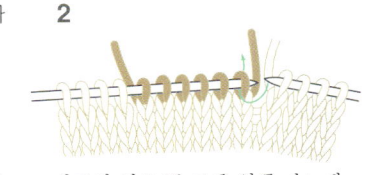

1. 지정한 위치의 바로 앞에서 뜨던 실을 쉬어두고 별도의 실로 지정한 콧수(★)를 뜬다.
2. 별도의 실로 뜬 코를 왼쪽 바늘에 옮기고 별도의 실로 뜬 코의 위쪽을 쉬어둔 실로 이어서 뜬다.

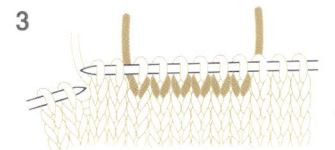

3. 이어서 계속 떠나간다.

손모아 장갑 뜨는 방법

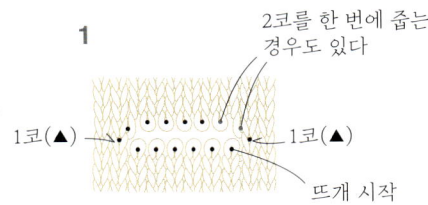
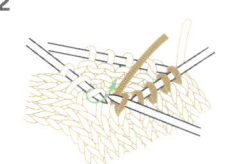
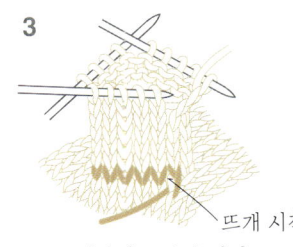

1. 별도의 실을 풀어내고, 위아래에서 손가락 콧수를 3개의 대바늘에 나눠 줍는다. 실을 이어 1단을 뜬다. (1코(▲) / 2코를 한 번에 줍는 경우도 있다 / 뜨개 시작)
2. ▲부분은 왼쪽 바늘로 주워 오른쪽 바늘로 화살표 방향으로 꼬아서 1코 줍는다.
3. 2단부터는 증감 없이 원통형으로 뜬다. (뜨개 시작)

《배색무늬뜨기 뜨는 방법》

가로로 실을 걸치는 방법

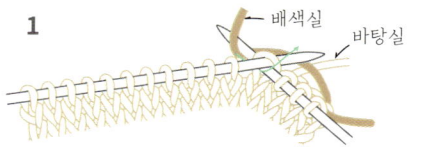

1

배색실을 넣는 단은 끝 코를 뜰 때 바탕실에 배색실을 얽어둔다. 바탕실을 아래쪽에 놓고 배색실로 1코를 뜬다.

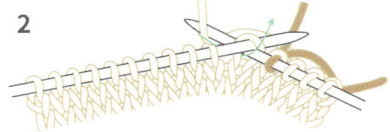

2

배색실을 위쪽에 쉬어두고, 바탕실로 뜬다.

3

편물의 끝까지 배색실을 걸친다.

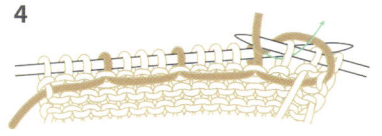

4

다음 단의 시작 부분은 배색실을 끝까지 걸쳐 바탕실에 얽는다.

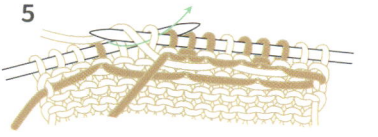

5

배색실을 위쪽에 쉬어두고 바탕실로 뜬다.

6 겉쪽

실을 약간 느슨하게 걸쳐서 편물이 수축되지 않도록 주의한다.

세로로 실을 걸치는 방법

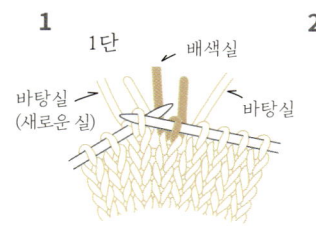

1 1단

바탕실을 쉬어두고 배색실로 뜬 다음 배색실을 쉬어두고, 새로운 바탕실로 뜬다.

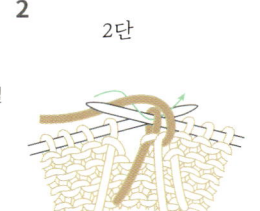

2 2단

배색실과 1의 새로운 바탕실을 교차시켜 뜬다.

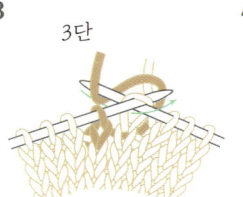

3 3단

배색실과 바탕실을 교차시켜 뜬다.

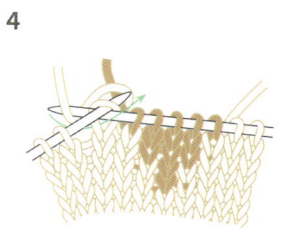

4

바탕실과 배색실을 교차시켜 뜬다.

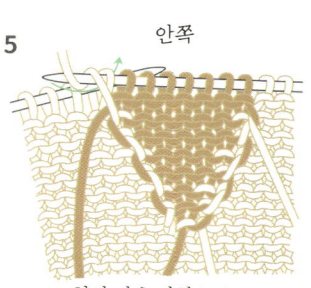

5 안쪽

항상 같은 방향으로 교차시킨다.

《잇는 방법, 꿰매는 방법》

빼뜨기 잇기

편물을 겉끼리 맞대고, 코바늘을 이용해 빼뜨기로 잇습니다. 편물이 수축되지 않도록 약간 느슨하게 실을 끌어낸다.

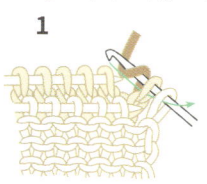 1
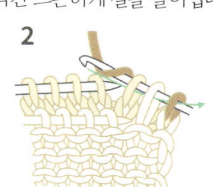 2
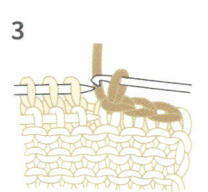 3

메리야스 잇기

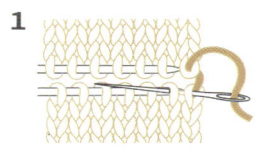

1

편물을 나란히 놓고 겉쪽에서 아래쪽 코에 돗바늘을 넣는다.

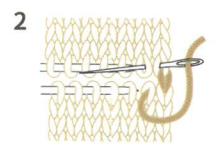

2

위쪽 코에 돗바늘을 넣어 코를 만들면서 잇는다.

덮어씌워 빼뜨기 잇기

편물을 겉끼리 맞대고 코바늘로 뒤쪽의 코를 끌어낸 다음 빼뜨기 잇기 한다.

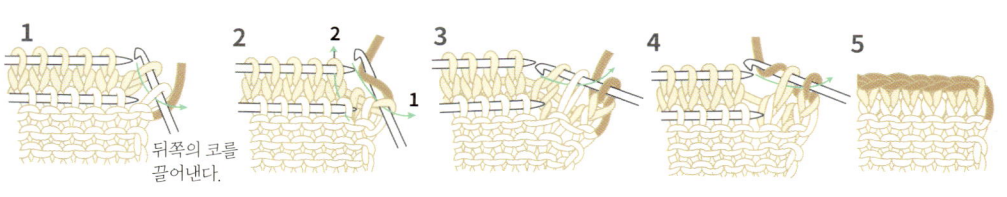

1 2 3 4 5

뒤쪽의 코를 끌어낸다.

감아 잇기 (한 코)

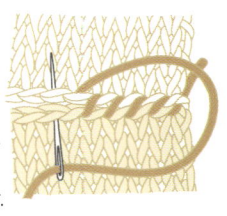

편물의 겉쪽을 위로 나란히 놓고 코를 모두 떠서 실을 당겨 조인다.

코바늘뜨기 기초

《뜨개 기호와 뜨는 방법, 감아 잇기》

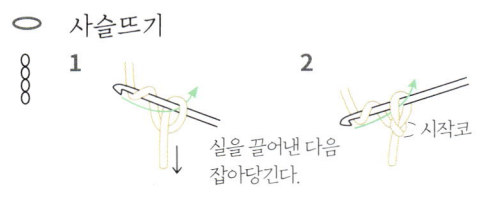

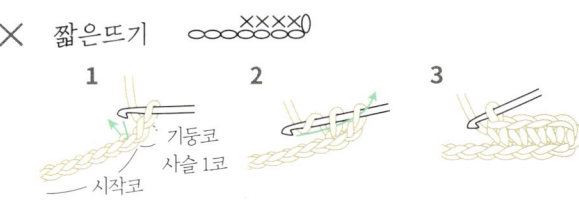

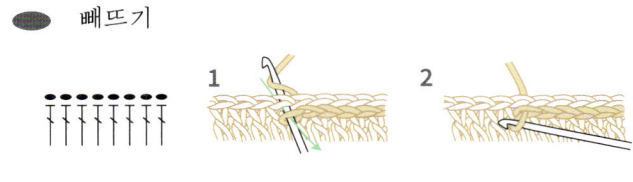

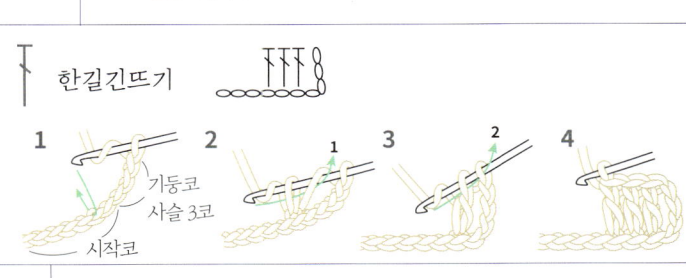

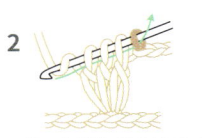

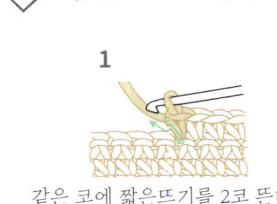

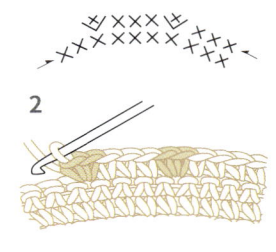

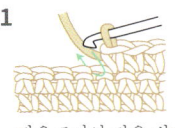

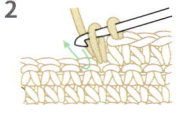

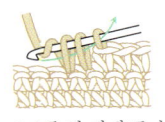

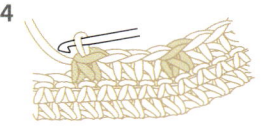

《기호 보는 법》

아래쪽이 붙은 경우

앞 단의 코에 바늘을 넣어 뜬다.

아래쪽이 벌어져 있는 경우

앞 단의 사슬뜨기 고리에 바늘을 넣어 뜬다.

한 코 감아 잇기

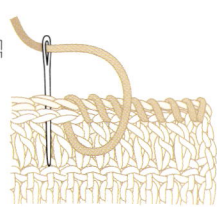

편물을 안끼리 맞대어 한 코씩 뜨개코의 머리 부분을 모두 돗바늘로 떠서 실을 당겨 조인다 (사슬뜨기를 감침질할 때는 사슬뜨기를 모두 돗바늘로 뜬다).

반 코 감아 잇기

편물을 안끼리 맞대어 안쪽의 반 코씩 돗바늘로 떠서 감침질한다.

FUYU NO MAKIMONO TO KNIT KOMONO -TEAMI DE ATATAKAKU SUGOSU-
Copyright © 2020 Asahi Shimbun Publications Inc., All rights reserved.
Original Japanese edition published in Japan by Asahi Shimbun Publications Inc., Japan.
Korean translation rights arranged with Asahi Shimbun Publications Inc., Japan
through Imprima Korea Agency.

이 책의 한국어판 저작권은 Imprima Korea Agency를 통해 Asahi Shimbun Publications Inc., Japan와의 독점계약으로
마피아싱글하우스에 있습니다.
저작권법에 의해 한국 내에서 보호를 받는 저작물이므로 무단전재와 무단복제를 금합니다.

따뜻한 일상 뜨개 클래스
2022년 2월 12일 초판 1쇄 발행

지은이 | 아사히신문출판
발행인 | 신재은
옮긴이 | 방현희
감수 | 최정민

발행처 | 마피아싱글하우스
출판등록 | 2014년 4월 23일(제2014-000077호)

주소 | 서울특별시 동작구 동작대로35길 67 1F
전화 | (02) 579-2877
팩스 | (02) 6008-9915
홈페이지 | www.mafiasinglehouse.com
인스타그램 | @mafia_single_house
ISBN 979-11-958488-6-7 14630

이 책의 내용을 무단 복제 하는 것은 저작권법에 의해 금지되어 있습니다.
파본이나 잘못된 책은 구입한 곳에서 교환해드립니다.
이 책에 게재된 사진, 작품, 도면 등을 상품화하여 핸드메이드 마켓이나 SNS 등의 개인 판매 및 실제 점포, 프리마켓,
바자회 등 영리 목적으로의 사용은 저작권법으로 금지되어 있습니다.

Mafia single house 「마피아 싱글하우스」는 꿈이 있는 사람들을 위한 수공예 전문 출판사입니다.